이것이 자유학기제다

미리 알고 준비하면 더 큰 꿈이 보여요

이것이 자유학기제다

펴낸날 2015년 4월 20일 1판 1쇄
2016년 1월 15일 1판 2쇄

글 김상태
사진 권태명

펴낸이 김영선
기획·편집 이교숙
디자인 차정아 김대수

펴낸곳 (주)다빈치하우스-미디어숲
주소 서울시 마포구 독막로8길 10 조현빌딩 2층(우 121-884)
전화 02-323-7234
팩스 02-323-0253
홈페이지 www.mfbook.co.kr
출판등록번호 제 2-2767호

값 16,800원
ISBN 978-89-91907-65-2(03370)

이 도서의 국립중앙도서관 출판시도서목록(CIP)은 서지정보유통지원시스템 홈페이지(http://seoji.nl.go.kr)
와 국가자료공동목록시스템(http://www.nl.go.kr/kolisnet)에서 이용하실 수 있습니다.
(CIP제어번호: CIP2015010279)

미리 알고 준비하면 더 큰 꿈이 보여요

이것이 자유학기제다

김상태 지음

미디어숲

아이들에게 주는 최고의 선물, 자유학기제

나는 영훈초등학교를 나와서

국제중학교를 나와서

민사고를 나와서

하버드대를 갈 거다

그래 그래서 나는

내가 하고 싶은

정말 하고 싶은 미용사가 될 거다

〈여덟 살의 꿈, 박채연 양〉

부산의 한 초등학생이 쓴 시라고 합니다. 어른들이 생각하는 꿈과 아이들이 생각하는 미래는 이렇게 많이 다릅니다. 그동안 우리는 아이들에게 꿈을 꾸라는 말은 많이 했지만, 꿈꿀 시간을 주지 않았습니다. 입시교육에 시달려야만 했던 우리 아이들의 꿈은 다양할 수도 없었고, 어른들이 알게 모르게 주입한 것뿐이 아니었나 반성해봅니다.

이런 상황을 바꿔보려는 노력이 전국의 모든 학교에서 펼쳐지고 있습니다. 그 가운데 가장 대표적인 것이 바로 '자유학기제'라고 생각합니다.

자유학기제는 우리 아이들에게 자신의 꿈에 대해 생각할 수 있는 시간을 주는 것입니다. 이 책의 저자는 그동안 자신이 보고, 듣고, 취재한 것을 중심으로 자유학기제에 대한 전망을 담아냈습니다.

자유학기제의 핵심은 무엇보다 '수업의 변화'입니다. 자유학기제 도입을 기회로 주입식 강의 중심이 아니라 질문과 토론이 살아있는 교실을 만들어야 합니다. 수업의 변화 없이 진로체험활동만으로는 우리 교육의 근본적인 변화를 이끌 수 없다고 봅니다.

그런 측면에서 지역사회와 함께하는 자유학기제를 고민하는 저자의 서술은 자유학기제의 성공 가능성을 엿볼 수 있게 합니다. 특히, 저자는 아이들이 스스로 만들어낸 성취를 지역과 공유해야 한다고 강조합니다. 그 이유는 아일랜드의 한 공립학교가 1년 동안 공들여 만든 뮤지컬 공연을 통해 자연스럽게 지역의 참여를 이끌어내는 모습에서 짐작해볼 수 있습니다.

결국, 지역사회는 아이들의 위대한 성취를 보면서 잠재력이 무한하다는 점을 깨닫습니다. 이는 긍정의 순환 고리를 만들어내는 데 가장 중요한 역할을 하게 됩니다. 학생과 교사의 소통만을 강조하려 했던 학교 중심의 시각을 이 책을 통해 바꿀 수 있기를 기대합니다.

우리나라 아이들은 세계에서 가장 재미없는 공부를 억지로 하는 상황에 부닥쳐 있습니다. 학업성취도는 세계 최고 수준이지만 흥미도는 꼴찌라는 언론보도가 줄을 잇고 있습니다. 자유학기제는 이런 교육의 모습을 근본적으로 변화시킬 수 있는 기폭제입니다. 자유학기제로 변화하고 있는 학교와 행복한 꿈을 꾸는 아이들의 모습이 이 책에 잘 그려져 있습니다. 그런 가운데에도 자신이 자칫 외부인일 수도 있다는 저자의 고심이 담겨 있습니다.

우리 아이들의 미래는 현재 우리 이웃들의 삶이 투영될 수밖에 없습니다. 학교 울타리를 넘나들며, 우리 이웃의 삶을 따뜻하게 바라보는 일부터 시작해야 합니다. 마찬가지로 학교를 바라보는 지역공동체의 시선도 애정이 묻어나야 합니다. 그래야 할 필요성은 충분합니다. 바로 우리 아이들이 있기 때문입니다. 자유학기제가 우리 아이들에게 최고의 선물이 될 수 있도록 하는데, 이 책이 중요한 역할을 하길 간절히 바랍니다.

강원도교육감

민병희

자유학기제, 우리가 행복한
교육으로 나아가는 초석이 되기를…

자유학기제는 그동안의 지나친 경쟁과 주입식 교육에 대한 반성에서 출발하여, 우리 사회의 학습 생태계를 근본적으로 바꾸는 일로 전개될 것이다. 자유학기제가 성공하기 위해서는 먼저 교육계의 자각과 열정이 있어야 하지만, 자유학기제를 단지 학교 울타리 안의 일로만 생각한다면 성공을 보장할 수 없다.

자유학기제의 성공을 위해서는 학교의 힘만으로는 부족하다. 자유학기제를 위해서 교육 기부와 같은 지역사회의 협조가 절실한 실정이다. 이 책의 저자가 '공생'이라는 키워드에 주목하는 이유이다. 이 '공생'을 위해서, 더 나아가 바람직한 2세 교육을 위해서 지역사회의 자유학기제에 대한 응원과 지지뿐만 아니라 채찍질도 필요하다.

여기에는 자유학기제를 객관적으로 바라볼 수 있는 외부의 시선이 중요하다. 이 책의 저자는 교육계 외부의 시선으로 자유학기제를 기획 취재하며 그 이야기를 담았다. 이 책을 통해서 비단 저자의 생각만 읽을 수 있는 것이 아니라, 자유학기제를 바라보는 다양한 사람들의 생각을 엿볼 수가 있다. 자유학기제를 경험한 중학교의 학생, 학부모와 교사들의 솔직한 의견이 드러나 있다. 홍보나 선전을 위한 인터뷰가 아니라 자기의 경험과 느낌을 거짓 없이 드러내고 있기 때문에 독자들이 자유학기제를 편견 없이 이해할 수 있을 것이라 믿는다.

자유학기제가 영향을 받았을 것으로 보이는 아일랜드의 전환학년제에 대한 심층취재도 곁들여 놓았다. 전환학년제라는 창을 통해서 우리의 자유학기제를 들여다보고 있다. 특히 아일랜드의 전환학년제와 지역사회가 어떻게 공생하고 있는지를 보여주고, 우리에게 자유학기제가 성공하려면 필요한 것이 무엇인지도 생각해보게 한다.

아일랜드는 전환학년제를 성공적인 궤도에 올려놓는 데 40여 년이 걸렸다. 우리의 자유학기제는 이제 첫발을 떼기 시작했다. 어른들이 첫발을 떼는 어린 아이에게 달리기를 기대하지는 않는다. 자유학기제도 박수를 받으며 한 걸음씩 발전해 나가서 한국의 실정에 맞는 자유학기제로 발전하게 될 것이다.

이 책의 장점은 추상적이고 현학적인 이론으로 포장된 책이 아니라, 자유학기제에 대한 생각들이 생활인의 언어로 솔직하게 표현해 놓았다는 데 있다. 취재에 바탕을 두고 있기 때문이다. 그래서 독자들은 읽기 쉽고, 이해하기 쉽다. 많은 사람이 이 책을 통해서 자유학기제를 조금이

나마 더 알 수 있게 되고, 자유학기제를 통해서 교육에 대한 잘못된 인식에서 진정한 자유를 얻을 수 있는 기회를 만들어 나가는 계기가 되었으면 좋겠다. 강원도에서 제주도까지, 한국에서 아일랜드까지 그가 벌인 취재 여행이 우리가 행복한 교육으로 나아가는 초석이 되기를 간절히 기원한다.

강원도교육청 장학사
유일환

학교와 지역사회의 울타리를 허물 수 있는 계기가 되기를…

자유학기제의 운영에 큰 도움이 될 『이것이 자유학기제다』 발간을 매우 뜻 깊게 생각합니다.

최근 선진국들은 청소년들에게 새로운 환경 적응과 함께 적성과 소질에 맞는 진로를 탐색할 수 있는 계기를 제공하는 교육을 확대하는 추세입니다. 우리나라 역시 청소년들이 꿈과 끼를 펼칠 수 있는 사회를 위하여 중학교 자유학기제 도입 등 다양한 노력을 하고 있습니다.

자유학기제에는 학생 · 교사 · 부모가 모두 함께 무엇이든 그려볼 수 있습니다.

암기식 학습 위주의 점수에 얽매이지 않고 자유롭게 하고 싶은 걸 할 수 있으며, 만나고 싶은 사람을 만날 수 있고, 체험하고 싶은 걸 할 수 있게 됩니다.

미리 자유학기를 체험한 아이들은 자유학기를 통해 목표가 생겼고, 자신의 꿈을 향해 조금씩 자라나고 있습니다. 인생과 대자연을 온 몸으로 느끼고 받아들이는 사춘기 시절의 학생들이 자유학기제로 다양한 교육과 체험활동을 통해 올바른 인성을 함양하고, 나와 이웃을 존중하는 마음을 키워나가고 있습니다.

이를 위해, 자유학기제는 학생, 학부모 및 교사 등 학교 구성원들의 노력뿐만 아니라 지역사회 내 공공·민간기관, 대학, 지자체 등 지역사회 구성원들의 협력으로 함께 만들어 나가야 할 것입니다.

이에, 발간된 『이것이 자유학기제다』는 자유학기제가 학교의 울타리를 벗어나 지역사회로 확대되어, 지역사회와 함께 자유학기제를 운영하는 사례를 보여주는 데에 의미가 큽니다. 이 책의 여러 자유학기제 연구학교 사례처럼 학교와 지역사회의 벽을 허물고 학교 안의 지역사회, 지역사회 안의 학교가 되길 기대해 봅니다.

이 책은 자유학기제를 맞은 학생·학부모 및 교사들에게 자유학기제에 대해 좀 더 자세히 알 수 있는 좋은 자료가 될 것이며, 지역사회에도 자유학기제에 대해 관심을 갖도록 함으로써 학교와 지역사회의 울타리를 허물 수 있는 계기가 될 수 있을 것입니다.

교육부 학교정책실장
김동원

자유학기제, 시대가 요구하는 필연이다!

나는 글을 쓰는 사람이다. 내 글로 세상이 변화하는 것을 보면 기쁘다. 그런 글을 쓰고 싶었다. 2014년 진행했던 자유학기제와 관련된 기획 기사의 시작도 이 때문이었다.

'내 글로 세상이 좀 더 나은 세상이 될 수 있다면.' 이 욕망이 나를 이끌었다. 그 욕망은 순전히 내 것이었다. 누가 시켰다면 아마 중간에 포기했을 것이다. 나는 자유학기제를 알아가면서 진정한 자유를 얻게 됐다. 이 경험도 세상과 나누고 싶다. 자유학기제가 주는 선물은 이 시대가 주는 '우연'이 아니라 '필연'이다.

'자유학기'는 중학교 3년 6학기 중에서 단 한 학기에 붙을 명칭이다. 자유학기는 1학년 2학기나 2학년 1학기가 될 가능성이 높다. 자유학기제 동안에는 시험이 없다. 일명 지필고사가 없다. 경쟁을 위한 시험이 사라지자 학생들에게는 여유가 생겼다. 이를 '자유'라고 표현한 듯싶다. 자유를 선물하는 학기! 경쟁에서는 벗어났지만 또 다른 걱정이 생겼다. 바로 자유를 어떻게 사용해야 할지에 대한 고민이다. 심지어 진정한 자유가 무엇인지도 모른다. 그러니 어떻게 쓸지 막막하다. 이는 학생들뿐만 아니라 선생님도 마찬가지다.

내가 생각한 자유는 '선택'이다. 내가 선택하는 것이다. 선택하려면 내가 뭘 좋아하고 싫어하는지를 알아야 한다. 내 생각이 무엇인지도 돌아보게 된다. 그렇기 때문에 자유학기는 나를 찾는 기간이 된다. 결국 자유학기는 진정한 나와 만날 수 있는 시간이 된다.

왜 자유학기제는 중학교에 도입될까? 중학교는 말 그대로 초등학교와 고등학교 중간 시기다. 질풍노도의 시기라고도 표현한다. 신체는 다 성장했지만 정신적으로는 아직 미숙한 단계다. 혼란은 당연하다. 학교 선생님들은 중학생 지도가 가장 어렵다고들 한다.

이러한 시기에 학생들이 자신과 만날 수 있다면 얼마나 좋을까? 나와 만난다. 나를 만난다. 그럼으로 너도 보인다. 나를 모르는데 너를 어찌 알겠는가! 진정한 나와의 만남으로 우리는 하나가 된다. 다시 한 번 강조하지만 자유학기제는 이 시대가 요구하는 필연이다. 더 이상 우리 아이들을 방치해선 안 된다.

자유학기제의 성공을 위해서는 지역사회의 도움이 필요하다. 그래서 학교와 지역사회와의 공생을 키워드로 잡았다.

40여 년의 경험을 쌓은 아일랜드는 지역사회가 아이들의 놀이터다.

다소 늦은 감은 있지만 우리도 아이들의 꿈을 키우는 교육을 시작했다. 바로 '자유학기제'다. 지역사회도 받아 줄 마음은 충분하다. 문을 두드리지 않았을 뿐이다. 두드려라 그러면 길이 보일 것이다!

다행히도 필자가 기획 취재한 자유학기제 연구학교들은 긍정적인 변화의 모습을 보여줬다. 특히 태백 함태중학교는 포스트 자유학기제를 고민하며 자유학기제의 좋은 경험이 중학교 전체에 퍼져 나갈 수 있도록 노력하고 있다. 수업의 변화부터 평가까지 서술형으로 바꿨다. 양구 지역은 2만 여명 정도가 살고 있는 소도시지만 양구중학교는 상당수의 지역 직업 체험 터를 발굴했다. 지역사회의 도움이 컸다. 횡성중학교도 지역과의 네트워크가 잘 갖춰져 있다는 평가를 받는다. 지역이 학생을 받아 줄 마음이 충분하다는 것을 본 순간이다. 정선 사북중학교도 행복한 학교로 변모했다. 제주도 지역의 학교를 둘러보고 나서는 자유학기제 추진에 있어 학교장의 의지가 얼마나 중요한지를 깨달을 수 있었다. 서귀중앙여자중학교의 경우 교장실은 언제나 학생들을 위해 문이 열려 있다. 학생들은 교장 선생님과도 친구가 되면서, 자신들이 존중받고 있다는 느낌을 받게 된다. 서울 잠실중학교에서는 참된 교육으로 가기 위한 수단으로서의 자유학기제를 만남과 동시에 자유학기제에 대한 고민도 엿볼 수 있었다. 바로 교사들의 고심이다. 교사들조차 창의성을 키우는 교육에는 아직도 익숙하지 않은 모양이다. 자유학기제는 다양한 가능성을 지니고 있기 때문에 더욱 매력적이다. 교사와 학생, 사회가 모두 함께 만들어 나가면 된다. 이 모든 것이 자유학기제의 원동력이 될 것이라고 믿는다.

앞서 언급했듯이 자유학기제는 학생들에게 자유를 선물하는 학기다. 자유를 선물한다는 의미는 무엇일까. 학생 스스로가 자기 마음 닿는 대로 할 수 있도록 다양한 기회를 줘야 한다는 의미는 아닐까? 단 남의 자유를 존중해야 한다는 점은 전제 조건이다. 이것저것 마음대로 할 수 있게 하려면 다양해야 한다. 한두 가지로 선택권이 제한되면 '자유'가 아니라 '명령'이 된다. 그러면 진정한 자유학기제가 될 수 없다.

이 책이 나오기까지 도움을 주신 국내외 모든 분들께 감사드리며, 늘 내 옆에서 사랑으로 지지해 주는 아내 김수연과 두 아이들 하은, 대환이, 곧 태어날 소망이에게 고맙다는 말을 전하고 싶다.

2015년 12월
김상태

PART 2
자유학기제에
필요한 발상의 전환

PART 3

자유학기제 성공의 창(窓) 아일랜드에 가다

PART

자유학기제가 주는
특별한 선물

CHAPTER 01

지역 인프라를
활용하다

지역사회와의 공생

자유학기제 연구학교를 운영하면서 이에 흠뻑 심취한 사람이 있다. 바로 횡성중학교 이용훈 교감 선생님. 그는 자유학기제와 관련해 이야기를 나눌 수 있다는 사실만으로 흥분된다고 말하는 진정한 자유학기제 전도사다. 그는 자유학기제가 지속되기 위해서는 학부모라는 단어에서 '학'을 절개한 '부모'로 환원시켜야 한다고 생각한다. 그의 기본 교육철학이다.

사람들은 자신이 학교에 다니고 있거나, 아니면 자녀가 학교에 다닐 때에만 교육에 관심을 기울인다. 학교에서 자유학기제 프로그램을 운영한다고 했을 때도 '학'과 연계된 부모가 있을 때 활용이 가능하다고 했다. 이 강력한 무기인 '학'을 절개한다는 의미는 무엇일까?

이용훈 교감은 자신의 삶은 자신 스스로 개척해 나가야 하는데 지금의

횡성중고등학교 전경

우리 아이들은 그럴 만한 기반이 전혀 조성돼 있지 않다고 아쉬워했다. 학교는 오직 시험을 위한 지식만을 전달하는 곳이 됐고, 집에서 또한 시험을 위한 학습을 하는 현실이 안타깝기만 하다고……

결국 학교는 아이들에게 있어서 성적을 위해 잠시 머무는 곳에 그치고 만다. 지식을 얻는 것이 경쟁하기 위한 것으로만 인식되는 사회가 안쓰럽다 못해 걱정스럽다. 이를 버리자는 의미다. 아이들이 스스로 선택할 수 있는 프로젝트를 추진하자는 필자의 제안에 그는 세상은 분명히 바뀔 것이라고 단언하며 기회를 만들어가자고 동의했다.

아이들을 작은 돌에 비유하자. 지역인 큰 돌에 작은 돌이 부딪히면서 그들을 깨우는 역할을 해준다면 우리 사회는 분명히 변화할 것이다. 결국 지역과의 만남이 중요하다. 하지만 지역사회는 그들 스스로 혹은 자발적으로 움직이지 않는다. 이것이 현실이다. 늘 학교가 먼저 나서서 협조를 부탁하고 요청해야만 지역이 도와주는 정도다. 그래도 횡성지역은 다른 지역보다 지역과의 네트워크가 잘 조성돼 있다는 평가를 받는다. 겉으로만 보면 그럴 수도 있다.

자유학기제 안으로 지역사회를 끌어낼 필요가 있다. 일회성이 아닌 진정성을 갖고 자유학기제 안으로 끌어들이기 위한 구체적인 생각을 만들어가야 한다.

다양한 토론이 이뤄져야 한다. 자유학기제를 통해 얻어낼 수 있는 효과는 무궁무진하다. 다만 금전적인 혜택을 너무 많이 기대해서는 안 된다. 그것은 오래 갈 수 없다. 돈이 사라지면 끊어지고 말기 때문이다. 금전보다는 인정이 풍부한 강원도가 지닌 매력을 활용해야 한다.

이용훈 교감은 강원도 지역 인프라를 지역의 네트워크를 통해 만들어가자는 필자의 제안에 대해 일곱 가지 조언을 했다. 아이들이 자기 주도적으로 수행하기 위해서 필요한 점들이다.

첫째, 아이들의 주체성 양성을 위한 기반교육이다. 인성교육과 학부모의 설득이 필요하다.

둘째, 지역민의 조력이다. 지역의 젊은층, 특히 대학생이 제격이다.

셋째, 초등·중등·고등학교와의 연계다. 안전한 학년 전환을 위한 교육체계가 있어야 한다.

넷째, 지역별 자유학기제 운영지원단 조성이다. 자유학기제 전문가 그룹을 양성해 나가야 한다.

다섯째, 지역 언론인들로 구성된 자유학기제 지원단 조성도 필요하다. 다른 지역 언론과의 네트워크 형성도 필수다.

여섯째, 지역과 함께하는 정규수업을 만들어야 한다. 지역과의 융합수업은 다양화를 돕는다.

절대적으로 필요한 일곱 번째는 엄마는 물론 아빠를 학교로 유입하는 방법이다. 가장 중요하다.

아이들이 주체성을 갖기 위한 인식 변화에 대한 교육은 기본적으로 실시돼야 한다. 그동안에 이런 경험이 전혀 없었기 때문에 더욱 그렇다. 고등학교를 갓 졸업한 대학생들의 참여방법도 고민해봐야 한다. 그들은 학교를 가장 잘 알고 있고 활기가 넘친다.

자유학기제는 중학생을 위한 제도지만 이미 초등학교부터 자유학기제에 대한 교육이 이뤄지고 있다. 고등학교에 올라가면 수능을 위한 공부에만 매진하게 된다. 초등학교에서 잘 이뤄진 진로체험 교육을 중학교에서 심화하고, 고등학교에서 실현해 나갈 수 있도록 자연스럽게 연계될 수 있어야 한다. 그러려면 안전한 학년 전환을 위한 교육체계가 구축돼야 한다.

자유학기제의 성공을 위해서는 지역의 참여가 필수인데, 이는 광범위하게 조성하기보다는 먼저 소단위 지역별 협력체계를 구축해야 한다. 이들을 연계하면 광역화할 수 있다. 지역과 함께하는 정규수업은 융합수업으로서 필요하다. 자연스럽게 학교의 수업 장소가 지역으로 넓혀지는 역할을 이끌어낼 수도 있다. 이를 테면 언론사가 중학교 수업의 한 장소가 되는 것이다. 아이들이 신나게 놀 수 있는 장소가 하나둘씩 늘어나게 되면 살고 있는 지역이 자연스럽게 그들의 놀이터가 된다.

마지막으로 아버지들의 참여다. 부모의 역할은 각자 다른데 대부분의 아버지들은 경제력과 의사결정력, 추진력 등에서 강점이 있다. 그동안 아버지들도 자녀교육에 관심은 많았지만 소외됐던 것도 사실이다. 이를 끌어들이자는 것이다. 최근 우리 사회도 북유럽의 아버지들처럼 자녀들과 함께 시간을 보내려는 사람이 늘어났다. 아버지들은 참여를 기다리고 있는지도 모른다.

"우리 강원도의 교육환경과 인프라는 절대 열악하지 않습니다."

"인프라가 열악하지 않다? 강원도는 늘 뭔가가 부족하잖아요. 그런 인식은 바꿀 수가 없는 현실처럼 느껴지는데요?"

"횡성지역만 해도 유의미하고, 좋은 교육적 환경이 조성되어 있지만 이를 활용하지 못함을 탓해야지. 다른 대도시와 비교해서 문화적으로,

환경적으로 낙후됨을 비애하고 탓하는 건 아이들에게 피해의식만 낳게 됩니다."

이용훈 교감은 천혜의 자연환경, 끈끈한 인적 네트워크. 강원도의 인프라는 전혀 열악하지 않다는 것이다. 그동안 훌륭한 인프라가 있음에도 등한시하거나 소외했던 이들이 있었을 뿐이라고.

그들에게 자유학기제는 어찌 보면 기회가 될 수도 있다. 대도시보다 더욱 훌륭한 교육환경을 갖춰나갈 수 있다. 인간 냄새 풀풀 나는 교육현장이 열려 있다. 우리 아이들에게 가장 필요한 교육일지도 모른다.

"앞으로, 미래의 삶의 형태를 생각한다면 강원도는 분명히 미래의 가치가 넘쳐난다는 것입니다. 이것을 지역사회 구성원들과 우리 아이들에게 알려줘야 하지 않겠습니까?"

그의 말에 나는 힘주어 강조했다.

"네, 그렇지요. 알려줘야 합니다!"

함께 꿈을 키우는 학교 공동체

자유학기제 추진은 학교에서 주로 교감이 주책임자가 되고, 연구부장이 실무를 맡아 진행하는 구조이다. 물론 이 과정에서 교사들 간 소통은 필수다. 횡성중학교 연구부장을 맡은 김주원 선생님은 자유학기제가 교사로서 고민을 많이 하게 한 기간이었다고 소회를 밝혔다. 수업 방법을 바꾸는 고민부터 학생들의 꿈과 끼를 살려주기 위한 고민 등, 그러한 고민은 현재도 진행형이라고 했다.

"중학교 한 학기에 치러지는 1, 2회고사, 즉 두 번의 시험을 자유학기에서는 치르지 않게 됩니다."

"시험을 치르지 않는다면 점수가 나오지 않는다는 의미인가요?"

"계량화된 점수가 나오지 않는다는 의미입니다. 당연히 계량화된 평가도 하지 않게 됩니다."

"평가를 하지 않는다고요?"

"학교생활이나 수업시간에 이뤄지는 수행평가를 차곡차곡 모아놨다가 학기 말에 학교생활기록부에 서술식으로 기록하게 됩니다. 사실 계량화된 평가가 없다는 것이지 서술형 평가는 계속하는 겁니다."

지필평가는 지식을 습득하려는 목적이 강하다. 이 때문에 폐단도 많다. 시험에 나올 만한 것만 공부하고, 시험에 나오지 않으면 공부를 하지 않게 된다. 진정한 교육이 될 리 없다. 현 시대가 요구하는 인재를 육성하기 위해서는 학생 스스로가 문제해결력을 기를 수 있느냐가 더 중요한 덕목이다. 하루가 멀다 하고 쏟아지는 지식의 무분별한 습득보다는 활용이 더 중요하다는 의미다.

하지만 자유학기제에 시험이 없다고 마냥 좋은 것은 아니다. 아이들에게 혼란이 생길 수도 있기 때문이다. 아이들이 단순히 노는 기간이라고 여기면 곤란하다.

"자유학기제의 단점은 지필평가에 익숙한 아이들의 혼란입니다."

"혼란이라고요?"

"초등학교 6학년 때도 성취도 평가를 하는데, 이와는 달리 중학교에

들어오면 아이들은 본격적으로 공부를 해야 한다고 받아들이게 됩니다.”

“그렇죠. 제 경험도 중학교 때부터 공부를 심각하게 생각했던 것 같아요.”

“중학교부터 고등학교를 거쳐 대입으로 향해 가는 목표가 생기게 되는 것입니다. 지필고사는 자신의 위치를 알게 하는 지표가 되는 것인데, 자유학기제에서는 그러한 시험이 없으니……. 목표는 계량화된 점수로 가는데, 시험을 치르지 않으면 아이들이 집중을 덜 하게 됩니다. 따라서 성적을 위한 목표의식이 불투명해질 수도 있겠죠.”

“성적을 위한 공부라 …….”

“그렇다고 학력이 저하될 것이라는 걱정은 하지 않습니다. 가르쳐야 할 것 중에 성취평가제를 운영해 핵심성취기준에 꼭 가르쳐야 할 것을 정리합니다.”

“핵심성취기준?”

“네, 하나라도 제대로 가르치면 핵심성취기준을 만족할 수 있게 됩니다. 핵심성취기준에 맞춰 가장 중요한 내용을 이해했느냐를 중점적으로 가르치게 됩니다.”

“공부하는 총량은 줄어들 수 있겠군요.”

“공부하는 전체 분량은 줄어들 수도 있지만 아이들은 스스로 필요한 것이 무엇인지를 찾게 됩니다.”

“스스로 하는 공부라면 그거 참 재미있겠군요.”

“그렇죠. 그것이 자유학기제의 목표입니다. 스스로에게 필요한 지식이 무엇인지를 알게 되고 이를 발표하는 자리를 갖게 된다면 지식은 보다 강

화될 것입니다. 부실해진다는 것은 기우
에 지나지 않는다는 말이죠. 또 자유학기
제가 한 학기뿐이기 때문에 핵심 요소를
많이 놓칠 수 있다고도 볼 수 없습니다."

횡성중학교 자유학기제 활동

자유학기에는 개별 학생들을 바라보고
평가를 해야 한다. 이는 자칫 부실함을 초
래할 수도 있다. 이유는 교사는 한 명이고
학생들은 무척이나 많기 때문이다. 하지만 그런 부담은 있지만 긍정적인
효과가 더 많다. 지필평가 속에서 점수나 등수로 보였던 학생들을 진정한
제자로 바라볼 수 있기 때문이다.

자유학기제 이전에도 개개인별로 신경을 쓰지 않은 건 아니다. 시험은 마
치 경주마의 눈가리개와 같다. 앞만 보게 하고 주변을 볼 수 없게 한다. 자유
학기제는 경주마의 눈가리개를 없앤 것이다. 교사들은 학생들의 다양한 자
유학기제 활동 속에서 드러나는 숨겨진 끼와 재능을 찾아 볼 수 있었다.

"자유학기제에 왜 공부를 해야 하는지 고민할 수 있는 시간적 여유가
생기면서, 더 큰 그림을 그릴 수가 있게 됩니다. 또 다양한 활동을 하면
서 평상시 볼 수 없었던 아이들의 숨은 끼를 발견할 수 있었습니다."

"어떤 모습을 발견했나요?"

"발표를 통해 자신감을 얻는 아이들의 모습을 봤어요. 수업에 적극적
으로 참여하는 긍정적인 변화의 모습을 엿볼 수 있었죠."

사실 자유학기제의 가장 중요한 목적은 수업의 변화다. 따분했던 수업을 활기차게 바꿔보자는 것이다. 학생들은 수업을 통해 배우고 익힌다. 그동안 지식전달 위주의 수업이었다면, 자유학기제에서의 수업은 스스로 지식을 습득할 수 있는 방법을 연마하는 데 맞춰져 있다.

자유라는 의미가 방종과는 다르듯이 일정한 규율과 규칙이 있다. 자유학기제도 마찬가지다. 핵심 필수교과는 성취기준에 맞춰 일정 수준 이상을 달성해야 한다. 다만 이런 수업도 토론식이나 프로젝트 수업으로 바뀐다.

"자유학기제를 통해 이루고자 하는 목표는 단순합니다."

"무엇인가요?"

"나와 우리가 함께 꿈을 세우고, 끼를 키우는, 공동체 학교를 만들어가는 겁니다. 혼자 꾸는 꿈도 중요하지만, 다른 아이들과 함께 만들어가는 꿈은 우리 사회를 변화시켜 나갈 힘이 될 겁니다."

"함께 꾸는 꿈이라……. 멋있네요!"

"프로젝트를 만들어가는 과정 속에서 다른 사람의 생각을 듣고, 남을 생각하고, 또 나도 생각하면서 꿈은 구체화되고 현실화돼 갑니다. 그런 토대를 만들어가는 것이 자유학기제의 목표라고 생각합니다."

학생이 중심이 되는 수업을 만드는 것은 결코 쉽지 않은 일이다. 수십 년 동안 교사들이 믿어온 교수학습 방식을 한순간에 바꾸라는 말과 같다. 자유학기제가 몰고 온 천재지변이라고 생각할 수도 있다. 내가 만난 대부분의 교사들은 자유학기제의 과도한 업무 부담을 어려움으로 호소했다. 이는 적절한 역할 분담으로 해결해 나가야 할 숙제일 것이다.

횡성중학교는 자유학기제를 먼저 경험한 선배들이 직접 후배들에게 자유학기제의 궁금증을 풀어주는 시간을 갖고 있다.

자유학기제를 설명하는 것도 교사의 입장에서는 부담이 될 수 있다. 횡성중학교에서는 자유학기제를 먼저 경험한 선배들이 직접 후배들에게 자유학기제를 설명하는 특강을 마련해 부담도 줄이면서도 더욱 알찬 시간이 될 수 있도록 했다.

자유학기제에는 다양한 수업이 도입된다. 두 명의 교사가 한 교실에서 수업하는 융합수업도 그 새로운 시도 중 하나다. 그동안에는 이런 활동들을 접해보지 못했었기 때문에 학교 현장에서의 이러한 활동들은 어려움이 많다고 한다. 교사들의 수업 시수가 두 배로 늘어난다는 것도 반대하는 이유 중 하나다. 좋은 것임에는 틀림없지만 제도적 보완이 필요하다.

융합수업도 중요하지만 현실에 맞춘 교사 개별 수업의 변화가 더욱 필요하다. 이를 위해 교사들은 프로젝트 수업에 필요한 다양한 연수를 받게 된다.

학생들의 수업 태도가 궁금했다. 학교가 변화하고 있는 만큼 과거 교실 풍경은 기억 속에서 지워야 할 것이다. 중학교까지는 도심과 지방 학생들의 능력 차이가 별반 차이가 나지 않지만 지방 학생들은 아무래도 넓게 보질 못한다고 말하는 교사들이 많다.

"우리 아이들은 자기 꿈을 자기 주변에만 국한시키는 경향이 있어요."

"넓게 보지 못한다는 말씀이죠?"

"네, 크고 넓게 보질 못해요. 대충 공부하다가 고등학교에 가서 '형들이나 누나들처럼 대학 가겠지' 하는 막연한 생각에 잠겨 있어요."

"우리들 주변에서 흔히 볼 수 있는 평범한 아이들의 모습입니다. 꿈이 없다고들 하죠. '내가 뭘 해야겠다.' 그것을 이루기 위해서는 무엇이 필요하다는 생각 자체를 못하는 것 같아요."

"그동안 우리 사회가 아이들에게 그런 여유를 주지 못했기 때문이 아닐까요?"

"네. 우리 아이들에게 시간적 여유가 없었기 때문이었을 겁니다. 이를 바꾸기 위해서는 선생님은 물론 부모와 지역사회의 분위기 조성이 어느 정도 필요해 보입니다."

지방에서 학교에 다니는 학생들은 그 안에서 세계를 바라보는 경향이 있다. 지금은 인터넷의 발달로 꿈과 비전만 있다면 언제든지 정보를 얻을 수 있는 시대이기도 하지만 계기가 없다는 것이 더 큰 문제라는 지적이다. 농어촌의 경우 부모들의 직업이 한정돼 있고, 비전을 갖는 경우가 적다. 도심과 지방의 분위기가 다를 수밖에 없는 환경적 요인이 존재한다.

"하지만 열심히 하는 학생들의 모습을 볼 때면 인재가 없는 것은 아니라는 생각을 합니다."

"인재가 없지 않다?"

"네, 인재가 많아요. 중학교는 밖으로 나가기 전이니까 더 그렇습니다."

"좋은 인재를 지역사회에서 잘 발굴해서 키워냈으면 하는 생각이시죠?"

"그렇죠. 좋은 인재를 잘 키울 수 있도록 하려면 지역사회의 도움이 필요합니다. 지역 내 교육적 편차를 줄이는 노력도 필요합니다."

비단 강원도의 문제만은 아닐 것이다. 자유학기제는 태생부터 지역과의 상생이 필요한 구조이다. 이를 위한 모델의 개발과 연구가 절실하다.

"수업의 변화와 꿈을 찾기 위한 과정은 크게 다르지 않아요."

"자유학기제의 교실 수업 개선과 진로체험 두 가지가 불가분의 관계란 얘기이죠?"

"네, 꿈과 끼를 찾아가는 과정입니다. 이제는 특기적성이 진로적성으로 이름이 바뀌었어요. 진로 관련 적성을 키우자는 의도입니다."

"지역사회와 함께 한다면 더 풍성해질 수 있겠네요."

"네, 진로라는 부분은 지역사회의 도움이 없으면 체험이 불가능합니다. 아니면 상당한 비용을 투입해야 합니다."

"강원도의 자원은 다른 지역에 비해 한정적인 느낌은 있어요."

"그렇습니다. 지역사회 자원이 한정돼 있다면 당연히 어려움이 있을 수밖에 없죠. 이는 지역사회가 우리 아이들의 꿈을 묶어버리는 것일지도 모릅니다."

지역사회의 애정이 담긴 협조가 필요하다. 이름도 생소한 자유학기제를 한다고 '왜 담당자를 고생하게 만드느냐'는 생각부터 버려야 한다. 현실적인 토대를 인식하고, 학생들이 가진 가능성을 넓혀주는 체험의 장으로 꾸며줄 고심부터 해야 한다. 이를 위해서 지역 간 협력도 필요하다. 학생들이 꿈을 넓게 키울 수 있도록 해당 지역에 없는 직업체험은 인근 지역의 네트워크로 해결할 수 있게 도와야 한다.

횡성의 경우에는 인근 원주나 가까운 춘천에서 지원을 할 수 있다. 인접 지역을 중심으로 광역단위로 묶는다면 어렵지 않게 학생들의 꿈 체험터를 넓혀갈 수 있다. 이를 총괄하는 기구도 필요하다.

"지역사회의 협조가 필요합니다. 지역사회의 애정과 함께 꿈의 현실적인 토대를 인식할 수 있는 가능성을 넓혀야 합니다."

"교사들의 힘만으로는 부족해 보이네요."

"지자체나 교육청이 이를 포괄할 수 있는 기구가 필요한 이유입니다."

"강원도 자유학기제 지원센터 같은 기구가 있다면 도움이 될 수 있을 것 같네요."

"바로 그것입니다!"

"자유학기제의 성공은 네트워크의 구축 같습니다."

"네, 강원도에는 17개 지역 교육지원청이 있습니다. 이들 간의 원활한 업무협조를 위해서도 꼭 필요합니다."

지역사회에 협조만 요구하면 문제가 생긴다. 기업이라는 곳은 학생들의 교육을 위해 존재하는 곳이 아니다. 물론 큰 의미에서 본다면 학생들이 미래의 고객이 될 수도 있지만 지금 당장은 귀찮은 것이 사실이다. 이런 생각을 바꿔나가려면 우리 교육이 구체적으로 어떤 학생들을 키워내고자 하는지, 미래의 인재는 무엇인지에 대한 개념부터 정의해야 한다. 철학도 없이 지역사회의 협조를 이끌어낸다는 것은 어불성설이다. 자유학기제를 통해 학생들이 얻어낼 역량은 무엇일까? 21세기 학생들에게 가장 필요한 것은 무엇일까?

"중학교 때 배웠던 수학공식이 뭐가 필요하겠습니까? 과학시간에 외웠던 염기서열 자체는 중요하지 않아요."

"정보를 활용할 수 있는 능력이 필요하겠죠?"

"네, 그것을 통해서 지식을 만들어내는 것이 필요합니다. 교육학에서 말하는 구성주의입니다."

"핵심역량을 말하는군요."

"네, 스스로 지식을 만들어가고 창출해가는 역량이 가장 필요한 역량이 아닐까 생각합니다."

학생들의 꿈을 함께 키우는 학교 공동체가 되기 위해서는 교사가 먼저 행복해야 한다. 교사는 자유학기제 추진의 선봉장이자 가장 중요한 역할을 맡게 된다. 과연 교사들은 학교에서 행복할까?

"행복합니다."

"어떨 때 행복을 느끼는지 궁금하네요."

"가르치는 일 자체가 재미있습니다."

"배움의 즐거움과 같은 맥락이겠죠?"

"네, 아이들을 보면서 사람을 보게 됩니다. 아이들한테 교사도 한 사람으로서 가치 있는 사람으로 비춰지길 바랍니다."

개인적으로 중학교 시절을 떠올려 보면 나는 기억에 남는 일이 거의 없다. 성적에 대한 스트레스도 많았던 것 같다. 싸웠던 기억도 있고, 풋사랑에 대한 설렘도 있었지만 뭘 공부했는지는 거의 기억이 나질 않는다. 희미하다. 나는 중학생 시절 지식을 알아가는 즐거움보다는 성적이 잘 나와 칭찬을 받아야겠다는 생각을 먼저 했던 것 같다. 자유학기제에서는 나처럼 남을 의식한 성적을 위한 공부가 아니라, 나만의 꿈과 끼를 위한 공부라면 재미가 있을 수도 있겠다.

"아이들이 학교에서 행복하지 않은 것 같아요."

"왜 그렇게 생각하시죠?"

"음, 그것은 먼저 하고 싶은 것을 못한다는 것과, 구체적인 생각을 못한다는 것에 있는 것 같아요. 그래서 자유학기제는 이 두 가지를 바꾸려 하는 겁니다."

"생각하는 아이들?"

"네, 각성은 어느 순간에 이뤄진다고 보는데요. 그 각성이 이뤄지는 순간이 빨리 왔으면 하는 것이죠."

"그 순간을 빨리 오게 할 수 있는 방법이 있을까요?"

"좋은 경험들입니다. 많은 아이들이 좋은 경험을 했으면 좋겠어요."

"좋은 경험이란 무엇일까요?"

"아이들의 눈빛에서 열망을 보는 경우가 있는데요. 저에게 뭘 가르쳐 달라고 하는 눈빛을 볼 때 그렇습니다. 이런 눈빛이 교사로서 행복하고 기쁩니다."

강원도는 귀농귀촌자들이 많이 찾는 곳이다. 청정한 자연과 쉼의 여유가 있는 곳이기 때문이리라. 그렇다면 은퇴 이후의 삶을 강원도에서 보내려 하는 그들을 학교로 끌어들이면 어떨까? 그들의 경험을 아이들에게 전할 수 있다면 좋겠다. 그럴 경우에 염두에 둘 것은 그들에게 필수적으로 아이들과 대화하는 방법을 가르쳐야 한다는 것이다. 교수학습법을 모른다면 아이들은 금세 흥미를 잃게 되고 만다.

"외부강사들의 강의에 5분만 지나면 아이들의 반응이 나타납니다. 졸거나 떠들거나 집중을 못합니다. 때문에 지역의 은퇴자 강사들도 아이들과 대화하는 방법부터 알아야 합니다. 시대가 빠르게 변화하고 있거든요."

"교사가 아닌 외부강사들에 대한 교수학습법의 가이드북이 필요하겠네요?"

"네, 반드시 필요합니다. 지역사회의 여러 자원들을 연결시키려는 노력이 자유학기제를 성공으로 이끌어줄 열쇠이지만 대화하는 방법을 모르면 소통을 할 수 없으니 역시나 무용지물이 되겠지요."

횡성중학교는 지역에 있는 귀촌귀농모임과도 꾸준히 네트워크를 추진하고 있다. 예술이나 전문직종의 은퇴자들을 재능기부 형식으로 접근하고 있는 것이다.

외부강사와의 만남은 단순히 경험을 나누는 자리로 끝나면 안 될 것이다. 의미가 반감된다. 학생들이 스스로 이뤄낼 수 있는 성취 프로그램을 만들고자 한다면, 조언 혹은 동행할 수 있는 전문가 그룹으로 꾸려진 인적은행의 개념으로 접근해야 한다. 인적 풀로 구성된 강사들을 대상으로 학생들과 만날 때, 또 그 학생들도 그들과 만날 때 어떻게 해야 하는지에 대한 구체적인 매뉴얼을 만들어 나가면 된다.

지루했던 국어수업이 재미있게 다가온 이유

자유학기제를 경험한 학생들을 인터뷰하고 싶다고 말했다. 김주원 선생님은 태민이를 추천해주었다. 필자는 아이들의 입장에서 자유학기제를 어떻게 받아들이고 있는지 궁금했다. 태민이는 2학년 1학기에 자유학기제를 경험했다고 한다. 그는 자유학기제 기간 동안 지루했던 수업에서 흥미를 느끼게 됐다고 말했다.

아이들을 만날 때면 나의 중학생 시절이 생각난다. 자신의 생각을 구체적으로 표현하는데 미숙했던 시절이었다. 하지만 현재의 우리 아이들은 자신의 언어로 솔직하게 표현하는 모습이 참 보기 좋았다.

"공부 걱정은 안 해요."

"학생인데 공부 걱정을 안 할 수는 없을 것 같은데?"

"수업시간에 활동을 잘하면 점수를 잘 받을 수 있어요. 지난해는 전교 2등이나 했는데요."

"아~ 공부를 잘하는구나. 자유학기제에서는 어떤 경험을 했니?"

"비보잉 춤도 추고, 다양하게 재미난 놀이를 할 수 있어서 행복했어요. 일본어도 배우고, 지역체험활동도 다녀왔어요. 그중에 역사탐방이 가장 재미있었어요."

자유학기제 수업이 달라졌다.

"재미없는 과목은 없었니?"

"국어 읽기능력이 떨어져서 걱정했어요. 잘 이해가 안 되어서……."

"그럼, 자유학기제에서 국어과목에 대해 다른 생각을 갖게 됐니?"

"이전에는 수업 진도에 맞춰서 시험을 봐야 하기 때문에 이해를 못 해도 그냥 넘어갔어요. 그런데 이제는 선생님께서 자세히 설명해주셔서 이해도 쉽고, 국어과목에 흥미를 느끼게 됐어요."

태민이의 이야기를 들으면서 핀란드에 다녀온 일이 생각났다. 핀란드에서는 꼴찌를 위한 수업을 따로 마련한다. 아니다. 꼴찌라는 개념 자체가 없기 때문에 표현이 잘못됐다. 우리의 시각에서 학습에 부진한 아이들을 따로 모아놓고 집중적으로 가르친다. 이해도가 늦은 아이들을 위한 개별 맞춤형 교육인 것이다. 아이들은 모른다는 것과 이해하지 못한다는 것에 부끄러움을 느끼지 않는다. 사회도 공부를 못 한다고 그 아이를 비난

하지 않는다. 학교가 잘못 가르치고 있는 것이지, 아이들이 능력이 없다고 여기지를 않는다. 자유학기제에서 핀란드 교육의 모습을 볼 수 있을 줄은 생각도 못 했다. 우리 교육도 변화하고 있다는 증거다.

이해하지 못한다고, 성적이 그만큼 나오지 않는다고 아이들을 질책하면 그때부터 아이들은 주눅 들게 돼 있다. 당연히 제대로 할 수가 없게 된다. 또한 자신을 그런 존재로 인식하게 된다. 우리는 그동안 아이들을 편협한 생각에 가둬두고 있었던 것은 아닐까? 과연 이런 아이들이 학교에서 행복할 수 있을까? 자유학기제에서는 최소한 이런 실수가 반복돼서는 안 될 것이다.

"학교가 재밌어요!"

"왜 재밌는데?"

"친구들도 만날 수 있고, 좋아하는 것도 할 수 있잖아요."

"그밖에는?"

횡성중학교 학생들이 동영상을 제작하는 자유학기제 프로그램에 참여해 즐거워하고 있다.

"동아리도 다양하게 생겼어요. 공부는 조금만 하면 되고요. 특히 친구들과 많이 놀 수 있잖아요."

태민이의 말을 듣고 다행이라고 생각했다. 중학교 시절은 많이 놀고 건강하게 성장해야 하는 시기다. 여러 가지 시도도 해보고, 성취감을 맛보면서 좌절도 경험하는 시기여야 한다. 이런 과정을 통해 우리 아이들이 행복할 수만 있다면 좋겠다.

태민이가 생각하는 성공이 무엇일까? 꿈을 물어보았다.

"선생님이 되고 싶어요."

"초등학교, 중학교, 고등학교. 선생님도 종류가 많은데?"

"저는 초등학교 선생님이 좋은 것 같아요."

"이유는?"

"나이가 어린 아이들을 더 재미있게 해줄 수도 있을 것 같고요. 아주 어린 시절부터 진정한 가르침도 주고 싶어요."

"그럼, 성공은 무엇이라고 생각하니?"

"잘 모르겠어요. 나중에 커서 제가 하고 싶은 일을 하는 게 성공 아닐까요? 하고 싶은 일은 지금은 초등학교 선생님이라고 했지만 또 바뀔 수는 있을 것 같아요. 다만 '행복하게 성공'하고 싶어요."

행복하게 성공하고 싶다는 태민이의 말. 그 말이 현실이 될 수 있을까? 편협한 경험은 '아니다'를 말하고 있지만 꼭 그렇지만도 않을 것이라는 확신이 새싹을 틔우기 시작했다.

CHAPTER 02

소규모 지역에서의
진로 탐색

인구 2만여 명에 불과한 소도시에서 다양한 직업체험 터를 발굴하다.

진로교육은 자유학기제에서 필수요소다. 또한 범위도 자유학기제보다 더 넓다. 자유학기제는 실제로 진로 탐색을 할 수 있는 시간적 여유와 기회가 주어진다는 점이 가장 큰 매력일 것이다. 이것은 시험이 없기 때문에 가능하다. 자유학기제 기간을 활용해 학생들은 직접 기업에서 직업체험을 할 수 있다.

양구중학교 송병숙 교감 선생님의 교육철학은 한 명의 학생도 포기할수 없다는 것이라고 했다. 그동안 우리 학생들 대부분은 자신의 꿈을 구체적으로 꾸지 못했다. 이는 학생들의 문제가 아니라 우리 사회가, 우리의 교육 시스템이 그렇게 만들었기 때문이라는 것이다.

"꿈을 구체적으로 가진 학생들이 별로 없다는 점이 가장 안타까운 사실입니다."

"우리나라 학생들 대부분이 학창시절에 구체적으로 왜 공부를 해야 하는지 이유를 알지 못하고 있는 것 같아요."

"그것이 가장 큰 문제입니다. 인간은 누구나 한 가지 이상의 기질은 가지고 있다고 생각해요. 재주는 타고 나는 것이죠."

"잠재력을 키워주는 교육?"

"기존의 수업방식으로는 많은 끼를 키우기에는 제한적입니다."

"수업의 변화가 필요한 시점이네요?"

"네, 자유학기제는 학생 스스로가 자신이 가지고 있는 끼를 발견하고 키울 수 있는 기회를 줄 수 있다는 점이 매력적이에요."

"기회를 많이 주셨나요?"

"우리 학교는 기존에도 진로교육은 하고 있었지만, 자유학기제 기간에 보다 폭넓은 체험을 할 수 있었어요. 체험과 탐색의 기회를 많이 준 거죠. 이를 통해 학생들은 자신들의 꿈과 끼를 키울 수 있었다고 봅니다. 다양한 방과후프로그램을 운영했습니다. 진로 탐색과 선택 프로그램을 운영하면서 자신들이 가진 끼를 마음껏 탐색할 수 있는 기회를 줬어요. 주입식, 설명식 교육을 참여형으로 바꾼 것이죠."

자유학기제 기간 동안 교사들은 새로운 수업모델을 개발하며, 자발적으로 수업을 공개했다. 이들은 자유학기제 수업이 자신을 돌아보는 계기가 됐고, 어렵고 힘들었지만 보람 있는 연구가 됐다고 말했다.

양구중학교는 자유학기제를 시작할 때 진로교육 중점 모델을 도입했

자유학기제는 아이들을 춤추게 한다. 밝게 웃는 양구중학교 학생들의 모습을 보면 그 이유를 알 수 있다.

다. 직업체험을 통해 학생 스스로가 꿈을 찾아 가
도록 돕자는 취지였다. 윤미희 양구중학교 연구부
장은 자유학기제 연구학교 운영 초기에는 누구나
겪는 어려움이 많다고 했다.

"양구중학교는 자유학기제를 시작할 때 진로교
육 중점 모델을 도입했습니다."

"어려운 점은 없었나요?"

"자유학기제의 취지는 바로 알았지만, 운영하는
과정에서 전달된 것들은 체계가 잡히지 않아서 어
려웠습니다."

"교사들의 협조는 어땠나요?"

"처음에는 교사들의 협조를 구하기 어려운 실정
이기도 했고요. 이 때문에 준비하는 시간이 무척
길어졌습니다."

요즘은 학생들이 과목교실로 이동하는 교과교실
제가 실시되고 있다. 각 과목의 선생님이 학생들이
있는 반을 찾아가 강의식으로 수업하기보다는 학생
들이 학습 보조자료가 구비된 교과교실을 찾아가
실습하고, 실험도 한다. 담임중심제보다 프로젝트
수업에 효율적이다. 프로젝트 수업이 많은 자유학
기제와 교과교실제는 어울리는 부분이 많다.

교사들은 자유학기제에서 참여형, 토론형 프로젝트 수업을 하라고 강요받는다. 이는 교사들에게 상당한 스트레스로 다가올 수 있다. 그동안의 수업방식이 최선이라고 믿어온 교사들에게는 더욱 그럴 것이다. 수업의 변화를 요구하는 일은 쉬운 일이 아니다. 하지만 지금은 교사들도 변화해야 한다는 인지는 분명히 갖고 있었다.

"교실 수업의 변화에 대한 고민, 이를 이끌어가는 교사의 입장에서 변화를 요구하는 일은 쉽지가 않아요."

"강제성을 띄울 순 없겠죠."

"하지만 교사들 모두 변화가 시작돼야 한다고는 분명히 생각하고 있습니다. 힘들기는 하지만 자유학기제가 변화의 시발점은 분명하다고 인식하고 있습니다."

자유학기제가 아니더라도 교육과정의 재구성과 교실수업 개선, 진로교육 강화는 우리 교육이 나아가야 할 방향이다. 양구지역은 소도시지만 지역 인프라를 최대한 활용하면 충분한 성취를 이뤄낼 수 있음을 보여줬다. 양구지역에서 80여 개에 가까운 직업군을 발굴할 수 있었던 것은 바로 교사들의 열정 때문이었다.

'역사' 분야에서 '진로' 분야로 전과해 양구중학교에서 진로 지도를 맡고 있는 최광옥 선생님에게서도 그와 같은 열정을 느꼈다.

"처음에는 자유학기제 진로교육을 어떻게 준비해야 할지 막막했어요. 지역을 활용해야 하는데 어떻게 해야 하는지도 모르겠고 막연했습니다."

"그래서 어떻게 하셨나요?"

"생각한 것이 전화번호부책이었어요. 전화번호부는 다양한 정보를 담고 있잖아요."

"아~ 그러네요."

"전화번호부를 활용해 직업체험기관을 선정했습니다. 아이들을 상담하면서 아이들에게 영향력을 주는 기관장들을 알게 됐는데, 그분들에게도 협조를 요청했지요."

"직접 섭외를 하셨군요."

"네, 전부 직접 전화통화를 했습니다. 의외로 굉장히 많았고, 무척이나 협조적이었어요."

전화번호부가 직업체험의 큰 토대가 됐다니 이것 또한 기발한 아이디어의 발상이었다. 직업인 특강도 2회에 걸쳐 진행했다고 한다. 직업체험은 우선 관공서 위주의 군청이나 병원, 군대 등에서 이뤄졌다.

"기관에서의 직업체험은 무척 잘됐어요."

"그 이유는요?"

"공공기관이기 때문이죠. 그래서 체험 위주의 교육이 필요했습니다."

"아이들이 이렇게 직접 체험을 하면 기억에도 오래 남겠죠?"

"네, 초등학교에서는 교사역할을 해보기도 했어요. 양구교육지원청에서 교육장님을 만나 인터뷰도 했습니다. 1대1 멘토와 멘티를 맺기도 했죠."

"여러 체험활동 사례들이 궁금하네요."

"오전 내내 체험활동을 진행한 적도 있습니다. 농협에서의 활동은 실질적인 체험이었죠. 농산물을 나르는 일부터 시작했어요. 마트에서 인사를 하며 손님을 맞이하는 일까지."

"아이들이 체험활동을 하면서 많은 것을 느꼈을 것 같네요."

"네, 농협이 마트와 금융으로 나뉘어 있다는 사실도 알게 됐죠. 바리스타나 요리사 체험을 하면서 자신들의 미래를 고민하는 데 많은 도움이 됐을 겁니다."

공공기관에서의 직업체험은 순조롭게 진행됐지만 욕심이 생겼다. 개인업체를 찾아 더욱 구체적인 직업의 세계로 다가서기로 했다.

"2학기 때는 개인 업체에서 체험을 하려고 했는데 어려움이 있었어요."

"어떤 어려움이었죠?"

"사실 아이들이 직업체험을 한다고 했을 때 호의적으로 받아들이는 곳도 많지만, 아직까지는 이런 경험이 많지 않은 실정입니다."

"그런 어려움은 어떻게 극복하셨는지요?"

"직업인 특강을 진행했습니다. 학생들은 학년에 관계없이 희망하는 직업군별로 특강을 들었죠. 희망하는 직업군도 학생들의 신청을 받아 선정했어요."

"효과는 있었나요?"

"여러 가지 효과가 있었지만 지역사람들이 체험을 할 수 있도록 문을 열어 놓겠다고 한 점이 가장 좋았어요. 학교와 지역사회와의 소통이 시작된 것이었죠."

지역체험 터는 발굴했지만 양구에 없는 직업군도 상당했다. 2학년은 자유학기제라 외부로 나갈 수 있었지만 1학년의 경우에는 양구지역 내로 제한돼 체험을 해야만 한다. 지금은 양구에 없는 공장이나 로봇 등을 경험할 수 있는 장소를 찾고 있다고 한다.

지역체험활동을 경험해본 아이들은 어떤 생각으로 바뀌었을까? 겉으로 드러나지는 않지만 긍정적인 효과는 분명 있었을 것이다. 체험활동 후 지역에서 아이들이 인사를 하기 시작했다고 한다. 지역사회도 이를 보며 학교를 바라보는 시선이 변화했다.

"진로체험을 하면서 지역에 감사했어요."

"진정한 학교와 지역사회의 공생이네요."

"네, 업무협약도 많이 할 수 있었고, 지역사회에서 지속적으로 체험 터를 제공하겠다고 약속했습니다."

요리사 직업체험

바리스타 직업체험

제과제빵 직업체험

강원대에서 돼지 심장을 수술하고 있는 모습

"긍정적인 효과도 있었겠네요."

"네, 지역사람들을 만났을 때 아이들의 인사성이 굉장히 좋아졌다는 거예요. 또한 지역에서 학교를 바라보는 시선도 따뜻해졌습니다."

"배움도 풍성해졌겠죠?"

"아이들이 공부를 해야겠다는 인식을 갖기 시작했지요."

"그것이 무엇보다 가장 중요한 부분인 것 같아요."

"아이들이 진로체험을 하면서 어떤 부분은 나와 맞고, 또 어떤 부분은 자신의 적성에 맞지 않는다는 것도 찾아낼 수 있게 된 것 같아요."

직업체험, 견학으로 그쳐선 안 된다.

학교에서 직업체험 터를 발굴하는 데는 분명한 한계가 있다. 지역사회의 협조와 적극적인 참여가 필요하다. 또한 체험은 견학으로 끝나서는 안 된다. 양구중학교 학생들의 진로체험을 위해 문을 개방한 인근 병원을 방문했다. 성심의료재단 양구성심병원이다. 학교에서 5분 정도 거리에 위치해 있었다. 최정심 간호과장은 이는 분명히 병원에도 좋은 기회가 된다고 말한다.

"처음에 먼저 자체 설문 조사를 했습니다."

"어떤 설문이죠?"

"병원 쪽에서 일하고 싶은지, 체험의 만족도는 어떤지 등을 담고 있는 설문이에요. 처음에는 병원에서 일하고 싶다고 응답한 학생들이 1%도 안 됐죠."

"체험 이후에는 변화가 있었군요?"

"네, 병원 체험 이후에는 20명 중 15명이 병원에서 일하고 싶다고 응답하더군요. 하하!"

"병원에 대해서 호감을 가진 학생들이 많아졌다는 건 분명 의미 있는 변화네요. 체험의 방법이 특별했나요?"

"병원에서는 실질적인 체험이 될 수 있도록 담당 한 사람당 두 명의 학생을 맡겼어요. 방사선, 임상병리실, 입원실, 응급실, 성형외과, 정형외과, 이비인후과, 내과, 물리치료실 등을 둘러보면서 두 시간 동안 체험을 합니다."

양구성심병원에서 진료체험을 하고 있는 모습

학생들은 병원 체험에서 고혈압에 대한 교육, 심리적으로 불안해하고 있는 환자를 대하는 방법, 거동이 불편한 외래환자의 이동 도우미 역할 등을 배웠다. 또한 간호사가 어떤 일을 하는지, 응급처치는 어떻게 해야 하는지를 지켜보며 배웠다.

"여러 체험활동이 필요해요."

"학교에서는 할 수 없는 경험들로 아주 소중한 경험이었겠어요?"

"네, 보건 파트에서 일하고 싶은 학생들을 대상으로 별도로 강의도 했습니다. 학생들이 처음에는 의료 쪽을 무서워했는데, 이젠 간호사에 대한 인식도 바뀌었다고 말해요."

심폐소생술 체험

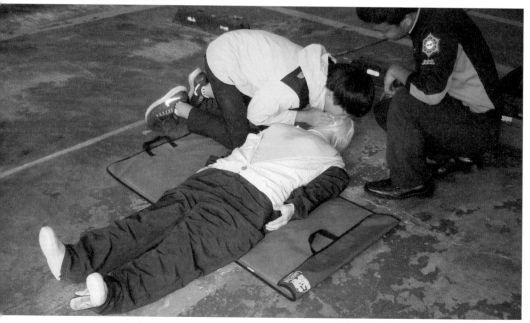

"인식의 변화?"

"병원의 구성원들이 맡고 있는 여러 가지 역할을 직·간접적으로 체험할 수 있습니다."

"병원에는 의사만 있는 것은 아니니까요."

"그렇습니다. 병원에 의사만 있는 것이 아니라 다양한 역할을 하는 직업군이 있다는 사실을 알게 된 것이죠. 이것이 실질적으로 진로를 정할 때 도움이 된다고 봅니다."

최정심 간호과장은 지역사회가 인재를 함께 키워야 한다고 강조했다.

"요즘 학생들은 많은 혜택을 받고 있는 것 같아요."

"혜택이라고요?"

"복을 많이 받고 있는 거죠."

"하하하!"

"지역사회가 지역의 인재를 함께 키워나가야 한다고 생각해요."

"동의합니다!"

"친절에 대해서 설명할 때도 말로 하는 것보단 거동이 불편한 환자를 위해 문을 열어주는 것이라는 사실을 알게 되는 순간 지역사회나 학생들 모두 변화하게 됩니다."

"병원에서도 학생들을 바라보는 시선이 변화했을 것 같은데요?"

"학생들의 긍정적인 사고방식이 굉장히 마음에 들어요. 병원 입장에서도 학생들이 잘 자라나면 도움이 될 수 있어요."

"서로에게 긍정적 효과를 주는 거네요?"

"네, 병원의 긍정적인 이미지도 심어줄 수 있는 것이죠. 학생들도 좋아하니까 보람입니다."

21세기 가장 필요한 역량은 '인성'

"21세기에 가장 필요한 역량은 무엇일까?"라는 물음에 송병숙 양구중학교 교감 선생님은 '인성'이라고 말한다. 이를 바탕으로 긍정적으로 생각하고 도전하는 정신이 필요하다고 강조했다.

"인성입니다. 긍정적 자존감을 키워주는 것이 가장 중요해요."

"자존감을 키워주려면 어떻게 해야 하죠?"

"아무리 기회를 많이 준다고 하더라도 본인이 자기 주도적으로 참여하고 연구하지 않으면 무용지물이 될 수밖에 없어요."

"스스로 하는 것이 중요하다?"

"긍정적으로 생각하고 도전하는 정신이 필요합니다."

양구중학교는 매주 월요일 첫째시간에 인성교육을 실시하고 있다. 관련 매체를 교육하며, 토론하고 기록한다. 중학교 3년 내내 긍정일기 쓰기 프로젝트가 진행된다.

"긍정일기 쓰기 프로젝트는 긍정적인 면을 찾아주고 감사 일기를 쓰는 것입니다."

"다양한 효과가 있을 것 같은데요?"

"또래상담도 할 수 있죠. 의사소통능력도 키워줄 수 있습니다. 긍정적 마인드를 갖고 남의 의견을 듣고 자신의 의견도 말할 수 있도록 하는 것

양구중학교 자유학기제 수업

에 그 목적이 있습니다."

　21세기 사회에서 살아남기 위해서는 창의력이 중요하다. 양구중학교는 학생들이 창의력을 신장할 수 있도록 방과후학교 프로그램을 가능한 한 학생들이 원하는 프로그램으로 준비하고 있다. 생각하는 힘을 길러주고 학생 활동을 중심에 놓는다는 개념이라는 것이다.

　"다양한 선택이 보장되면 학생 스스로가 끼를 살리고 자신이 정말 잘하는 것이 무엇인가를 찾을 수 있다고 봅니다."

　"그것이 창의력을 기르는 데 도움이 될까요?"

　"네, 도움이 된다고 믿습니다."

　"결국 생각의 힘이 답이네요."

　"생각하는 힘을 길러주기 위해 학생을 중심에 놓는다는 것이죠. 스스로 토의도 하게 하고 쓰게 합니다. 창의력의 기본은 '생각하는 힘'에서 나오거든요."

　송병숙 교감은 아이들만 보면 행복하다고 한다. 꿈을 향해 변화해 나
가는 모습을 볼 때면 저절로 웃음이 나온단다. 행복은 빠르게 전파되는
성질을 지니고 있어 교사들에게도 퍼지게 된다. 긍정적 효과를 내는 선순
환의 고리가 연결되는 것이다.

　"아이들만 보면 행복해요. 씨앗이거든요."

　"어떻게 자라날지 모르는 씨앗?"

　"아이들이잖아요. 싸워서 부러져 오기도 하고, 불손한 아이도 가끔 있
지만……. 아이들이 꿈을 향해 변화해가는 모습을 보면 기뻐요."

진로 직업 상담

"행복이란 소소한 일상에서도 찾을 수 있죠."

"물론이에요. 행복해하는 모습을 보면 교사로서도 행복하지요."

"학생들은 어떨까요?"

"학생들도 행복할 것 같아요."

"그렇게 생각하시는 이유는요?"

"자유학기제 기간 동안 수업도 재미있게 변했고, 스포츠 시간에도 마음껏 뛰어 놀 수 있게 됐잖아요."

"직접 물어보셨나요?"

"네, 가끔 아이들을 불러 행복하니? 물으면 그렇다고 말해요."

행복은 결핍을 채워줄 때 생겨난다. 양구중학교의 긍정적 변화는 학교 폭력도 사라지게 했다. 지난해 단 한건의 학교 폭력도 발생하지 않았다고 한다.

"단 한건의 학교 폭력도 없었다고요?"

"네, 위험군에 있는 아이들이 상담실에서 심도 깊은 상담을 받고 전문 기관에도 의뢰해서 전문적인 치료를 받을 수 있도록 했어요."

"아이들의 상황은 개개인이 모두 다르잖아요?"

"그래서 환경이 무척 열악한 아이들은 선생님들이 직접 가정방문을 하기도 했죠."

송 교감은 꿈을 찾았다는 아이들을 만날 때 가장 행복하다고 한다. 악기를 다루고 싶어 하는 학생이 있었는데, 중학교에는 관악부가 없었다.

다행히 고등학교의 관악부와 연결해 악기를 배울 수 있게 했다. 단절될 꿈에 연결고리를 만들어 선물을 한 것이다.

"꿈을 찾았다는 말을 들을 때 교사로서 보람을 느낍니다."

"그런 아이를 보셨나요?"

"악기를 다루고 싶은데, 중학교에 관악부가 없으면 그 꿈을 키워줄 수가 없잖아요."

"교사의 도움이 필요하겠네요?"

"네, 그 시점에서 교사의 도움이 필요합니다. 주변에 청소년단체라든지, 인근 고등학교와 연계해 꿈을 꾸게 할 수 있는 기회는 찾아줘야겠죠."

"찾으셨나요?"

"다행히 고등학교에 관악부가 있어서 비교적 쉽게 해결했어요. 원하던 악기를 배울 수 있게 됐죠. 그럴 때 보람을 느낍니다."

중학생은 향후 무한한 가능성을 지니고 있는 아직은 미완의 존재다. 주변에서 잘한다고 시작했지만 이내 한계에 부딪히게 되면 곧 포기하기도 한다.

"2학년 학생이 어느 날 저를 찾아왔어요. 주변에서 다들 잘한다고 하는데, 정작 자신은 잘하는 것인지 고민된다고 하는 거예요."

"그런 경험은 누구나 있죠."

"누구나 좋아서 하는 일도 어느 순간 고비가 있다. 그것을 뛰어 넘으면 더 큰 성장을 할 수 있다고 말해줬습니다."

"극복하기까지가 어려운 과정입니다."

"어떤 분야든지 처음에는 쉬운 것 같아도 어느 순간 한계에 부딪히게 됩니다. 그것을 뛰어넘으면 세상이 달라집니다."

"아이들의 사정을 잘 아는 선생님만이 답을 알겠네요."

"그렇죠. 먼저 아이를 알아야 선생님은 '조금만 더해 보라든지, 아니면 다른 길을 선택하는 게 낫겠다라든지'를 조언할 수가 있는 것이죠. 그 학생에게 조금만 더해 보라고 했습니다."

"놀라운 것은 천방지축인 아이들이었는데, 소질을 발견할 수 있도록 도우니 스스로 대단한 성취감을 얻어냈다는 점이에요."

"동기부여네요? 자유학기제는 이런 성취감을 길러주기 위한 목표도 있잖아요."

"천진난만한 어린나이에 고민을 하게 하는 게 맞는 교육인가 생각하면서도 '진로교육이 뭔가 되긴 되는 모양이다'라고 스스로 평가하게 됐습니다."

"분명 좋은 제도라고 생각합니다."

"학생들이 바뀌어 가고 있고, 자기가 하고 싶은 걸 선명하게 찾아가는 모습을 보면 대견스러워요. 그러면 행복한 거죠."

최광옥 선생님은 자유학기제를 통해 목표가 설정된 학생들은 수업태도가 변한다고 말했다. 학교에 오는 게 힘들다고 말하는 학생들도 있지만 자신의 진로를 찾아가는 학생들을 볼 때면 진로교사로서도 행복하다고 했다.

"학교에 오면 재미있어요. 가끔 아침에 일어나는 게 힘들다는 아이들도 있는데요. 아이들은 어찌됐든 집보다는 학교를 더 좋아하는 것 같아요."

보안 전문가 직업체험

"진로담당 교사로서 보람을 느낄 때가 많을 것 같아요."

"가장 좋은 건 아이들이 자기 진로문제를 가지고 올 때인데요. 자신의 꿈을 위해 고등학교는 ○○를 가고 싶다고 하는 아이도 있고, 부모님과는 여기까지 이야기가 됐는데, 꿈을 이루기 위해서 어떻게 하면 될지 고민을 털어놓는 아이들도 있어요."

"고민을 함께하는 선생님이 있다면 아이들에게는 큰 힘이 될 수 있겠네요."

"이런 고민들을 함께 해결해 나갈 때 보람과 행복감을 느껴요. 어려움이 많았던 아이가 있었는데요. 상담실을 찾아와 마이스터고에 가고 싶다고 말하더군요. IT관련 쪽으로 꿈을 키우고 있다는데, 고민을 털어 놓은 이후 수업태도가 변했어요. 목표가 설정됐기 때문이죠."

강원도 지역 중학생들은 고등학교 입시에 대한 부담이 적다. 고교 평준화지역으로 고입시험이 없기 때문이다. 이 때문에 자유학기제의 목표를 효과적으로 이뤄낼 수 있다고 학교 일선에서는 평가하고 있다. 송병숙 교감 선생님의 생각도 이와 같았다.

"느리지만 조금 참고 기다려주는 노력을 하고 있습니다. 이런 학생들이 '선생님 고마워요'라고 말하죠."

"답답하지는 않을까요?"

"선생님들이 먼저 달라져야 하겠죠. 꿈만 가지고 다 되는 건 아니지만……."

"어떤 것이 필요한가요?"

"꿈을 향해 나갈 수 있는 동기를 심어줄 필요가 있어요."

"동기라?"

"적성검사와 그걸 이루기 위해서는 중학교와 고등학교 단계는 어떻게 해야 하는지 대한 전문적인 조언이 필요합니다."

"자유학기제에서 필요한 전문성이네요. 자유학기제의 성과가 있었습니까?"

"자유학기제의 성과가 있다, 없다보다는 학교가 활기차게 변화한다는 점이 가장 큰 성과라고 할 수 있습니다."

중학생 시절은 동기부여가 가장 필요하다.

자유학기제가 학습을 저하시킬 수 있다고 우려하는 시각이 있다. 하지만 이에 대해 양구중학교 선생님들은 중학교 시기는 동기부여가 필요한 시기라고 강조했다.

"놀다가 마는 자유학기제가 결코 아니에요. 한 가지를 하더라도 보다 깊숙이 배울 수 있는 학기입니다. 최근에는 양구에 위치한 강원외국어고등학교 학생들과 주말에 함께 공부를 하기도 합니다. 지난해부터 시작한 프로젝트입니다."

"좋은 프로그램이네요."

"선배들과 함께 영어나 다른 공부를 함께 하자고 시작한 일이죠. 처음에는 11명 정도의 학생들이 참여했어요. 참여한 학생들이 방학이 지난 뒤에는 실력이 부쩍 늘었더군요."

"인기도 많겠군요?"

"네, 신청자가 늘었죠. 그래서 따로 면접시험까지 봐야 할 정도였어요."

"향후 확대 계획도 있나요?"

"영어나 중국어, 일본어 등으로도 확대해 볼까 해요. 대학생들의 재능도 활용할 수 있는 방안을 연구해 볼 예정입니다."

양구중학교 학생들은 지난해부터 서울과학고등학교와 함께 3박 4일간의 과학캠프도 진행하고 있다. 비슷한 나이또래 선배들에게 배울 수 있는 경험이다. 형이나 누나처럼 가깝게 지내면서 동기가 생기게 된다. 롤모델이 만들어지는 것이다. 비슷한 세대에서 생겨나는 고민도 유사하다. 고등학생들에게도 이런 경험은 도움이 될 것이다. 상생이다.

"자유학기제에서는 시험을 안 보니 성적이 떨어진다? 그렇지 않습니다."

"왜죠?"

"논술형 프로젝트에서도 평가를 많이 합니다. 부모님들이 생각하시기에 중간 기말고사가 없으면 너무 놀리는 것 아니냐고 볼 수는 있겠지만, 그렇지가 않아요."

"구체적으로 설명해주시겠어요?"

"일단 수학을 못 하는 아이가 있다고 치자고요. 그런데다가 사춘기까지 와서 고민입니다. 이런 상황에서 수학점수마저 20~30점이 나왔다면 그 학생은 거의 99.9% 수학을 포기할 겁니다."

"그러면 자유학기제 기간에는 다를 수 있다는 것인가요?"

"네, 다른 형태의 수학공부를 할 수 있어서 수학과목을 포기하지 않게 만드는 겁니다."

점수로 평가하는 수학이 아닌 원리를 익히는 수학이라면 학생들도 흥미를 느끼게 된다. 자유학기제에서는 수학수업도 프로젝트 형식으로 진행할 수 있다. 어렵게 느낄 수 있는 수학의 매력을 새로운 수업을 통해 배울 수 있게 된다.

"포기하지 않으면 속도는 느리지만 언젠가는 이룰 수 있습니다. 아이들에게 포기하지 않고 기회를 줄 수 있다는 점이 자유학기제의 가장 큰 매력입니다."

"자유학기제가 그런 교육을 실제로 할 수 있다고요?"

내 성향에 맞는 직업 찾기

"네, 또한 변화하는 아이들의 모습을 지켜보면 부모님들의 불만도 줄어들 수 있겠죠. 다만 시간은 오래 걸릴 겁니다."

양구중학교는 재미와 함께 팀 활동을 통한 협동심을 느끼고 공부도 할 수 있는 '도전 꿈 다지기' 특색교육을 진행한다. 각 교과별 핵심교육을 실시해 학기 말에 대회를 연다. 팀이 함께 의논해 해결할 수 있는 문제가 제시된다. 단지 외우는 공부가 아니다. 드러난 문제를 다양한 방법을 활용해 풀어 나가는 창의력을 길러주는 교육인 것이다.

강원외고나 서울과학고와 연계한 양구중학교의 사례를 보면서 자유학기제가 고등학교까지 연계되길 바랐다. 그런 측면에서 최근 서울시교육청이 고등학교까지 자유학기제를 확대하겠다고 밝힌 것에 적극적으로 찬성하고 지지를 보낸다. 이에 따라 고등학교에도 변화의 바람이 예상되고 있다. 이는 중학교에서 고등학교로 이어지는 자유학기제의 연속성을 보장할 수 있게 되는 것이다. 고등학교 1학년생을 대상으로 시험의 부담에서 벗어나 자신의 적성을 찾을 수 있는 여유를 선물하려는 의도다. 이는 아일랜드의 전환학년제(Transition Year; TY)와 유사하다.

아일랜드의 전환학년제(TY)
우리나라의 중학교에 해당하는 주니어 과정을 마치고 고등학교에 해당하는 시니어 과정에 들어가기 전 1년 동안 학생들이 선택해 운영되는 교육과정이다. 정규학제에 포함되지 않은 갭이어의 성격을 지닌다. 시험 없이 체험 중심의 교육으로 학생들이 스스로 성찰할 수 있는 시간적 여유를 준다.

고등학교 1학년은 문과와 이과를 선택하는 시기다. 최근에는 문·이과의 융·복합 바람이 불고 있다. 이 시기에 자유학기제가 확대, 도입되면 문·이과의 선택 대신, 자신의 미래를 스스로 결정할 수 있도록 돕는 시기가 될 것이다. 이 또한 우리나라로 치면 고등학교 1학년인 만 15세의 아일랜드 학생들이 전환학년제의 1년 동안 자신의 미래를 스스로 설계할 수 있게 된다는 점과 비슷하다.

자유학기제의 대상이 되는 중학교 1~2학년은 너무 어린 감이 드는 것도 사실이다. 그래서 연계가 필요하다. 고등학교 1학년도 어리다고 생각하지만 그 시기에 자신의 미래를 스스로 결정할 수 있게 한다면 불필요한 사회적 낭비를 줄일 수 있을 것이라고 확신한다.

직업체험에 대한 조언

자유학기제에서 있어 중요한 부분인 직업체험은 지역사회의 작은 협조만 있어도 힘을 얻을 수 있다. 예를 들어 강원도교육청이 산림조합과 업무협약을 맺었다면 산림조합은 조합 내 하부 산하기관에 자유학기제의 학생들을 위한 배려를 부탁하는 공문을 보낸다. 학생들이 체험을 오면 적극적으로 대해 달라는 간단한 내용을 담은 공문인 것이다. 이런 작은 배려와 협조가 학교에는 큰 도움이 된다.

"강원도교육청에서 산림조합과 직업체험을 위한 도 단위 업무협약을 먼저 했습니다."

"단순한 업무협약이라면 별로 효과가 없지 않나요?"

"그렇지 않아요. 산림조합에서는 각 하부기관에 직업체험 학생들이 오면 적극적으로 진로에 대한 설명을 당부하는 내용을 담은 공문을 보내죠."

"협조가 잘 될 수 있는 바탕을 마련해준 셈이네요."

이런 지역사회의 작은 배려가 학생들과 학교에는 큰 힘이 됩니다."

양구중학교에는 40여 개의 직업체험 영역이 있다. 자유학기제의 1학년뿐만 아니라 2~3학년도 혜택을 받는다. 이는 3년간 단 한 학기뿐이지만 중학교 전 시기에 걸쳐 긍정적인 영향을 미친다. 송병숙 교감은 긍정적 효과를 믿고 기다려줘야 한다고 강조했다.

"자유학기제로 인해 학교가 전체적으로 약간은 들뜬 느낌은 들어요."

"그래도 3년 중에 단 한 학기뿐인 자유학기제니까."

"1학년들뿐만 아니라 2~3학년 학생들도 덕을 받았죠. 단 한 학기지만 중학교 전 시기에 걸쳐 긍정적 영향을 끼치고 있는 것은 사실입니다. 긍정적 효과를 믿고 기다려줘야겠죠."

양구중학교에서는 귀촌귀농지로 선호가 높은 강원도에서 인생 2막을 보내려는 이들에 대한 활용에 대해서는 필요성을 느끼고 있다. 하지만 강사는 시대성을 담아 낼 수 있어야 한다고 말한다. 그런 이유에서 고등학생, 대학생 선배의 활용이 중요해 보였다.

"예전에 풍부한 경험을 나누려는 의도로 원로 컨설팅 제도가 있었어요. 하지만 막상 교직에서 퇴직한 분들이 학교에 오시면 학교에서도 불편해했어요."

"어떤 이유에서죠?"

"형식적인 것으로 끝날 수도 있거든요. 인력을 활용할 때는 그 시대성에 맞춰야 한다고 생각해요."

"교육도 시대에 따라 변화하는 것은 당연하겠죠."

"설명 주입식이 아닌 활동 중심으로 자기 주도적인 교육이 이뤄져야 하는데, 아직도 예전처럼 한 곳에 학생들을 모아놓고 주입식으로 강의하는 방식이라면……."

"교수 학습법에 대한 변화가 있어야겠군요."

"그런 진통을 겪고 있는 것이죠."

"가장 중요한 것이 바로 소통입니다."

"소통에도 방법이 있겠죠?"

"재미가 있어야 행복합니다."

"재미를 위한 고민도 해야겠네요?"

"그럼요. 특강도 재미가 없으면 학생들은 잠을 자버려요."

"그렇군요."

"지역 인사들이 진로특강에 많이 참여를 하곤 하시는데, 그들이 단순히 자신의 이야기만 한다고 하면 흥미를 잃어 버려요."

"재미를 주는 방법이 있을까요?"

"현 실무자들이 와서 하면 새로운 재미를 줄 수 있습니다."

"학생들과의 소통에도 최신의 방법이 필요한 것이군요."

"네, 학교 근거리에 귀촌하신 분들이 있어서 하우스 체험을 하러 갔는데요. 농업센터의 실무자가 파워포인트로 자료를 만들어 설명도 해주면서 양구지역의 농촌 현황, 연봉의 구체적인 내용까지 알려주었더니 학생들이 흥미를 느끼더라고요. 이런 접근 방식이 필요합니다."

양구중학교는 시험 실시 여부와 관계없이 전 학년이 자유학기제에 참여하고 있다. 자유학기제의 연계성을 고려한 부분이다. 이러한 점은 양구중학교가 9학급 정도의 소규모라 충분히 가능한 점이기도 하다. 도심의 규모가 큰 학교였다면 많은 시간이 필요했을 것이다.

자유학기제의 성공을 위해서는 학교 구성원들의 참여가 무엇보다 중요하다. 특히 교원들의 100% 동의가 필요하고, 학부모나 학교 운영위원회도 거쳐야 한다. 실무 교사의 업무 증가도 부담으로 다가올 수 있다. 양구중학교의 경우에는 모든 선생님의 협조가 잘 이뤄졌고 이는 좋은 평가로 이어질 수 있는 계기가 됐다.

"자유학기제는 학생들이나 선생님들이 스스로 뭔가를 할 수 있는 제도입니다."

"그것이 매력적이죠."

"할 수 있게 하려면 행동을 해야 하죠. 핵심성취기준만 달성하면 교사에게 자율성이 많이 부여됩니다."

"자율성이 부여된 만큼 책임도 커지게 되겠죠?"

"학생 스스로 공부하게 만들도록 동기를 부여하고 변화를 이끄는 것은 쉽지 않습니다."

"역시나 선생님의 역할이 크다고 할 수 있겠네요?"

"우리 학교는 다행히 선생님들이 주인의식을 갖고 주체적으로 자유학기제를 추진하고 있습니다. 그것이 우리 학교가 좋은 평가를 받는 이유일 겁니다."

직책이 높은 교감이라고 교사 위에 군림하려고 해선 안 된다. 자유학기제의 취지처럼 교사나 학생들이 스스로 자발적으로 움직이게 만들어야 한다.

자유학기제, 스스로 공부하고 진로를 찾아가는 시기

학생들이 바라보는 자유학기제가 궁금했다. 마침 학교를 찾았던 날은 운동회가 있는 날이었다. 운동복 차림의 세 명의 학생들이 교무실로 들어섰다. 편안한 분위기를 위해 선생님들은 운동회장으로 이동했다.

지난해 1학년 2학기에 자유학기제를 경험한 강태규, 박상준(15세) 학생과 자유학기제를 간접적으로만 경험했던 전교학생회장 김홍집(16세) 학생을 만났다.

"홍집이는 자유학기제에서 어떤 경험을 했니?"

"직접적인 영향을 받지는 못했지만 평소 접해 보지 못했던 직업들을 직접 가서 체험할 수 있어 좋았어요."

"어떤 체험이었는데?"

"의사와 공무원, 바리스타 체험을 했는데요. 직업체험이 아주 좋더라고요. 커피도 직접 만들어보고 병원 체험에서는 직접 해부실험도 했어요. 또 공무원들은 어떤 일을 하는지 구체적으로 알게 돼서 참 좋았어요."

"상준이는 어떤 점이 좋았니?"

"일단 시험을 안 봐서 좋았어요. 친구들과 함께 하는 직업체험도 즐거웠고요. 전 우체국 집배원 역할을 했어요."

"집배원을 체험해보니 어떤 점이 느껴졌니?"

"집배원 아저씨들께 감사해야겠다는 생각이 들었어요. 집배원 아저씨들이 짐도 나르고 운전하는 것까지 너무 힘들더라고요. 우체국 택배도 있는데, 빠르게 짐을 옮겨야 하잖아요. 그런 힘든 일들이 새삼 감사하다고 느껴졌어요."

"많은 걸 느꼈구나."

"네. 당연하게 여겼던 일도 '많은 땀과 노력으로 이뤄지는구나'를 알 수 있게 됐어요. 진로체험을 통해서 꿈을 더 빨리 찾을 수 있게 된 것 같아요. 아직도 뭐가 뭔지는 잘 모르겠지만요. 사진작가, 여행작가도 해보고 싶어요."

"태규는 무엇을 느꼈니?"

"공부보다는 제 자신의 미래를 생각해서, 스스로 공부하고 진로를 찾아가는 게 좋았어요. 경찰서에 가서 경찰관이 하는 일을 체험하고 교육도 받았는데 약간은 무서웠어요."

"무서웠다고?"

"저는 경찰이 꿈이었거든요. 그런데 지금은 바뀌었어요."

"왜?"

"꿈을 찾아가고 있는 과정이라는 표현이 맞을 것 같아요. 경찰은 범인

만 잡는 형사만 있는 줄 알고 있었는데, 다양한 역할이 있다는 점도 알게 됐거든요."

다소 엉뚱한 질문이지만 또한 중요한 질문이기도 했다. 과연 학생들은 학교에서 행복할까? 이에 대해 홍집이는 행복하다고 말했다.

"행복해요. 그냥 별다른 문제가 없어서 그렇고, 친구들도 착하고 친절해요. 우리 학교는 친구에 대한 부담이 없다는 점에서 좋은 것 같아요. 선생님들도 다 좋으세요. 학교 다니는 건 문제없이 행복해요."

"자유학기제에서 불편한 점은 없었니?"

"자유학기제 기간에는 시험이 없었는데 개인적으로는 시험이 있어야 한다고 생각해요."

"시험 스트레스를 받을 수도 있을 텐데?"

"그렇지만 승부욕이 생기는 것도 괜찮다고 보고, 문제는 시험이 없으면 아이들이 공부를 안 한다고 생각해요."

친구 태규도 당연히 시험이 없으면 공부를 안 한다는 홍집이의 생각에 동의한다고 했다. 자유학기제 동안 공부도 하지만 시험에 대한 압박이 없다 보니까 더 놀게 됐다는 것이다.

"당연히 시험이 없으면 공부를 안 하게 되죠."

"자유를 선물 받았는데?"

"자유학기제 기간 동안 공부를 약간 하긴 한 것 같은데, 압박이나 스트레스가 없다 보니까 많이 놀고 그랬던 것 같아요."

"게을러졌다는 뜻?"

"게을러지는 면도 있었지만 행복하냐는 질문에는 행복하다고 대답하고 싶어요. 친구들 때문에 행복하고, 성취감과 성장하는 것을 느끼면서 기분이 좋았어요."

상준이는 슬플 일이 없기 때문에 행복하다고 했다.

"행복해요. 슬플 일이 없잖아요. 그러니 행복할 수밖에 없죠."

"시험이 없어서 행복한 건 아니고?"

"그것도 물론 그렇죠. 하지만 자유학기제에 시험이 없다고는 해도 기본적인 공부는 다 합니다. 전보다 조금만 해도 된다는 점이 다를 뿐이죠. 시험의 부담이 줄어든 만큼 수행평가가 늘어나서 제가 느끼기에는 크게 달라지는 것은 없어요."

학생들이 생각하는 성공이라는 개념도 궁금했다. 홍집이는 가족과 함께하는 삶이 성공이라고 여긴다고 했다. 상준이는 즐기는 삶이 행복한 삶이라고 했다.

"지금 우리의 시기는 고민이 많은 시기예요. 그래서인지 안정적으로 평화로운 삶을 살면 그게 성공이라고 저나 친구들이 생각하는 것 같아요."

"진짜 하고 싶은 건 아직까지 정확하게 모르겠어요. 나중에 안정적으로 돈을 벌면서 사는 것, 그 정도만으로도 성공이 아닐까라는 생각이 들어요."

"그런 삶을 살고 싶니?"

"공무원이 되거나 대기업에 취업하는 것을 성공이라고들 말하기도 하는데, 저는 그보다는 자기가 하고 싶은 일을 하면서 즐기는 삶이 가장 행복하고 성공한 삶 같아요."

자유학기제를 통해 자기 자신을 책임지는 법을 알게 됐다는 태규도 이와 유사하게 답변했다.

"자유학기제를 통해서 책임지는 법을 알게 된 것 같아요. 내 힘으로 혼자 살고, 주도적으로 모둠활동과 체험활동을 해보았는데, 이런 경험들이 확실히 도움이 되는 것 같아요."

상준이는 수학문제를 풀 때 잘 이해를 하지 못했었는데 자유학기제 기간의 모둠별 활동을 통해 도움을 받았다고 했다.

"수학 점수가 무척 낮았어요. 집에서 복습을 할 때도 이해를 잘 하지 못했어요."

"지금은 이해가 잘 되니?"

"어느 정도는요. 학교에서 수학을 모둠별로 해결했는데요. 어떻게 푸는지 물어보고 할 수 있어서 더 잘 알게 됐어요."

"자유학기제가 준 선물이구나!"

"아무래도 시간적으로 여유도 있고, 친구들과 협동해서 푸는 수업이라 모르면 친구들에게 바로 도움을 받을 수도 있었거든요."

학생들의 시선을 통해 자유학기제를 보다 풍성하게 바라볼 수 있었다. 시험이 없어 오히려 불편했다는 학생도 있었다. 자유학기제의 장단점은 학생들이 더욱 잘 알 수 있을 것이다. 우리 사회는 마냥 시험을 안 본다고 즐거워 할 수만은 없는 구조다. 그 사실을 누구보다 학생들이 더 잘 안다.

"꿈을 찾아가는 점은 좋지만 나쁜 점은 그만큼 나중에 성적이 떨어진다거나 하면 앞으로 공부하는데 불리할 수 있을 것 같다는 생각이 들었어요."

"무엇이든지 명암은 있게 마련이야."

"칼의 양면인 것 같아요. 그래도 시험과 관련된 부분만 가르치지 않고 다른 부분도 배울 수 있어서 좋았어요."

"어떤 것을 배웠지?"

"보고서 같은 것도 많이 써보아서 지금은 더 잘 쓸 수 있게 됐어요. 수업 시간이 더 활발해졌다고 해야 하나, 뭐 그런 식으로 변했어요."

자유학기제에 필요한 발상의 전환

2

CHAPTER 01

춤추면서 역사공부하고, 벽화도 학생 스스로 완성하다

진로체험 위해 지역 청소년단체와 협업

이른 새벽 정선으로 향했다. 목적지는 정선 사북중학교다. 오전10시 반쯤. 너무 서둘렀다. 휴게소에 들러 여유도 부려봤지만 약속시간보다 30분이나 일찍 도착했다. 학교의 위치를 확인하고 다시 차를 돌려 주변을 둘러봤다. 번화한 것 같으면서도 시골 느낌이 함께 든다. 정선 사북지역의 교육 환경이 그리 녹록하지는 않겠다 싶다. 노남호 교감 선생님을 비롯해 권문철 교무부장 선생님, 안재연 선생님과의 만남은 이렇게 시작됐다.

"이 학교만의 자유학기제 특색은 무엇인가요?"

"진로체험 부분입니다. 학교 교사들보다 더 지역을 잘 아는 청소년기관과 연계해 진로체험을 하고 있습니다."

지역직업체험 사전교육을 위한 멘토 안내

"청소년기관과 연계하는 진로교육이라고요?"

"네, 청소년기관에 진로교육을 협업하면 교사들은 수업의 변화에 집중할 수 있게 되는 장점이 있습니다."

정선 사북중학교는 지역의 청소년 단체와의 협업을 통해 서로의 역량을 활용해 시너지 효과를 낸다. 교사는 수업의 변화에 집중하고, 청소년기관은 지역사회의 연결고리를 마련해 진로체험에 집중하게 하는 모델이다. 진로체험은 아예 청소년 단체와 손잡고 추진하고 있다.

"지난해까지만 해도 진로체험이라고 하면 다른 학교들은 키자니아, 잡월드 같은 직업체험 공간에 비용을 지불하고 찾아가야만 했어요. 일회성 체험에 그치는 것이죠."

"진정한 의미의 진로체험은 아니었군요."

소방관 직업체험

경찰관 직업체험

어린이집 교사 직업체험

"네, 우리는 자유학기제 연구학교를 시작하면서 처음부터 지역에서 해결하자고 계획했습니다. 폐광지역이지만 있을 만한 직업은 다 있거든요."

"사람이 사는 곳에는 그에 맞는 직업이 있기 마련이에요."

"맞습니다. 이것이 일명 다양job色(잡색) 행복공감학교 만들기 프로젝트의 시작입니다."

정선 사북중학교는 학기 초에 각 기관과 협약을 맺고, 지역에서 진로체험이 가능한 14개 기관, 25개의 직업군을 확보했다. 기관끼리의 업무협약도 따로 진행했다.

"직업체험을 가기 전이 더 중요해요. 진로 인식 마인드를 바꿔 줄 필요가 있죠. 그런 프로그램을 운영합니다. 25개 직업군이 학교에 들어와서 그 직업을 희망하는 학생들과 멘토멘티 활동을 하는 겁니다. 네 차례 직업체험을 실시할 예정인데요. 3~4월부터 시작해 중간고사 기간을 활용할 계획입니다. 사실 자유학기제 기간에는 학생들이 할 일이 많이 없거든요. 시험이 없으니까요."

사북청소년 장학센터가 사북중학교 학생들의 진로체험을 맡았다. 진로와 관련해 전면적으로 기획을 맡은 사북청소년 장학센터 이두호 부장은 상당한 시너지 효과가 있을 것이라고 말했다.

"자유학기제가 시행되면 진로, 직업체험이 굉장히 중요해질 것이라고 예상했어요."

"자유학기제에서 진로교육이 상당 부분을 차지하고 있군요."

"처음에는 사북지역의 직업체험 기반이 열악해서 외지로 나갈 것이라고 생각했죠. 그런데 잡월드나 키자니아로 이동하다 보면 비용이 상승하게 되고 일회성 체험으로 끝나서 의미가 없잖아요."

"학생들이 대규모로 이동해야 하는데, 안전도 문제가 될 소지가 커 보이네요. 세월호 사고가 발생한 것처럼."

요리사 직업체험

"맞아요. 그래서 지역의 자원들을 활용하자는 의미가 컸어요. 학교보다는 청소년단체가 지역을 더 많이 알고 있고, 함께하면 시너지 효과를 낼 수 있다고 판단했습니다."

"서로의 역량을 활용한 협업 모델이 바람직해 보이네요."

"진로체험의 네트워킹이 잘 조성되면 장기적으로 큰 효과를 낼

항공정비사 직업체험

수 있을 것이라고 믿습니다. 학교와 청소년기관이 서로 매칭해서 예산을 마련하면 더 좋은 체험도 가능해질 수 있겠죠."

"어려운 점도 분명 있을 것 같은데요?"

제과제빵사 직업체험

"네, 일단 자유학기제를 지역사람들이 잘 모른다는 것입니다."

"학교와 관계없는 사람들은 대부분 무관심한 편일 것 같아요."

"관심이 일단 없고, 공부나 시키지 왜 그런 걸 하냐는 반응이에요. 그러면 참여를 유도하기가 쉽지 않습니다."

"인식의 변화가 필요해 보이는데요?"

"네, 꾸준히 설득하고 지역의 인재를 지역이 키워야 한다는 논리로 여러 기관을 참여시켰어요. 이중 절반 정도는 교육 기부 형식으로 참여했습니다."

기관과의 협업은 진로체험이라는 프로그램이 잘 진행되는지에 대한 점검도 필요하다. 이를 위해 학부모와 교사, 학생들로 구성된 평가단도 꾸려졌다. 일명 모니터링단이다. 학부모와 학생회장 부회장 등이 직업체험 터를 찾아 진로교육이 어떻게 진행되는지 살펴보고 의견을 제시하는 역할을 맡았다. 3학년인 학생회장과 부회장은 정작 자신들은 자유학기제에 참여하지 못한다는 점을 많이 아쉬워했다.

학교가 즐겁지 않고서는 아무리 좋은 공부도 필요가 없다. 후배를 부러워하는 선배를 보면서 '자유학기제가 학교를 즐겁게 할 수 있겠구나'를 느꼈다.

필자도 진로체험에 따라 나서기로 했다. 인근 지역인 삼탄아트마인에서 직업체험을 하고 있는 학생들을 찾았다. 외교관 출신인 김진만 전무이

사는 학생들에게 아주 상세한 설명을 해주고 있었다. 그는 즐기면서 할 수 있는 일을 찾는 게 중요하다고 강조했다.

"21세기를 살고 있는데, 우리나라에 직업이 얼마나 될까요?"

"셀 수 없이 많겠죠. 잘 모르겠는데요."

"1만 5천여 개 정도라고 합니다. 세월이 흐르면서 직업의 흐름도 달라졌어요. 여러분은 좋아하는 일을 하세요. 그야말로 즐기면서 할 수 있는 찾아야 합니다."

"삼탄아트마인이 어떤 곳인지 궁금합니다."

바리스타 직업체험

"문화예술광산입니다. 이곳은 1962년에 석탄을 캐던 곳이었어요. 폐광이 되고 나서 2000년대 초에 리모델링을 했습니다. 그리고 2013년에 문을 열었습니다. 예술을 캔다는 의미를 담고 있죠."

문화예술공간으로 재탄생한 삼탄아트마인이 주변에 있다는 것은 사북중학교 학생들에게는 축복이다. 유럽은 문화예술로 교육을 시작한다. 교육을 풍성하게 하는 훌륭한 수단이기 때문이다. 김진만 전무이사도 문화

간호사 직업체험

예술 교육은 길게 보면 더 버는 것이라고 생각한 다고 말한다. 품격이 높아지려면 문화가 풍성해야 한다. 학생들에게도 자연스럽게 젖어들 수 있도록 해야 한다는 것이다.

삼탄아트마인 안에도 다양한 직업이 존재한다. 도슨트와 큐레이터의 차이와 카페 바리스타나 레스토랑도 있다. 요리사 체험도 한다. 직접적인 수익을 주는 것은 아니지만 지역의 인재를 지역이 키운다는 생각에서 모두 열정적이다.

이처럼 진로체험은 미래에 투자한다는 개념으로 다가서야 성공적인 체험이 될 수 있다. 지역사회와의 만남이 될 진로체험이 혹여나 부정적인 면들을 발생시킬 수도 있다. 이는 학생들이 가장 먼저 느끼게 될 것이다. 그래서 피드백이 중요하다. 드러난 문제에 대해서 학생 스스로가 해결책을 제시할 수 있도록 정보도 공유하고, 대안도 제시하게 해야 한다. 그래야 긍정의 선순환 고리가 만들어질 수 있다.

활발해진 교실 수업 풍경

사북중학교는 고등학교와 함께 있어 전체적으로 공간이 비좁아 보였다. 운동장도 아담하게 느껴졌다. 나는 진로교육의 새로운 협업 모델로 인해 교실수업은 어떻게 변화했을지 궁금해졌다. 교사들의 업무부담이 줄어든 만큼 수업에 집중한 결과가 궁금했던 것이다. 마침 최정하 선생님의 국어 수업이 진행되고 있었다.

"사랑방 손님과 어머니 소설을 드라마로 꾸며보는 수업입니다."

"표준어를 방언으로 바꿔 드라마를 만드는 프로젝트 수업이군요."

최정하 선생님은 우리나라에 체계적인 방언교육이 없다는 사실을 이 드라마 프로젝트 수업을 준비하면서 알게 됐다고 한다. 이 수업에서 전라도 광주 사투리를 사용했다. 이 작업은 그 지역 출신인 정인영 음악 선생님이 도왔다. 정인영 선생님은 함께 같은 교실에 있지는 않았지만 사전 촬영된 비디오에 광주 사투리에 대해 맛깔 나는 인터뷰를 담아놓았다. 한 교실에 두 명 이상의 교사가 투입될 수 없다면 이런 방식도 괜찮을 것 같다는 생각이 들었다.

"광주 사투리는 소리를 눌러서 내야 해요. 그래서 마치 싸우고 있는 것처럼 느껴지기도 하죠."

"아! 그렇군요."

"허벌나게를 외쳐보세요. 목에 힘을 줘야 해요. 다시 한 번 더 허벌나게~ 따라해 보세요. 아따 거시기한당께!"

"아따 거시기한당께!"

학생들의 웃음소리가 커졌다. 느낌을 살려 가볍게 다가서는 융합수업이었다. 아이들의 반응은 상상 이상이었다. 모둠별로 진행한 활동은 아이들의 흥미를 유발하기에 충분했다.

학교 4층 소강당에는 이갑성 선생님의 역사 수업이 진행되고 있었다. 학생들은 「독도는 우리땅」이라는 노래에 맞춰 플래시몹을 배우고 있었다.

역사 수업이 활기차다. 독도는 우리 땅 노래에 맞춰 정선 사북중학교 학생들이 플래시몹 경연을 펼치고 있다.

"리듬을 타!"

인터넷으로 연결된 동영상과 함께 소강당이 후끈 달아오르고 있었다. 그런데 다리가 불편해 보이는 한 학생이 무리의 학생들과 떨어져 뒤쪽에 서 있었다.

"다리는 왜 다쳤니?"

"축구하다가 땅을 찼어요."

"그러면 좀 쉬지 않고 왜 수업에 왔니?"

"재미있어서요."

"이런 수업이라면 정말 재미있을 수도 있겠구나."

"수업시간이 졸립지도 않고, 역사 선생님의 다른 면을 봤어요."

"어떤 면인데?"

"사실 역사 선생님이 굉장히 무서웠거든요."

"무섭다고?"

"학생 지도를 맡아 말씀도 없으시고……. 하지만 자유학기제 기간 동안 대화를 많이 나누면서 선생님이 재미있는 분이라는 사실을 알게 됐어요."

자유학기제는 교사와 학생들의 관계도 변화시키고 있었다. 복도에 그려져 있는 벽화가 눈에 들어왔다.

"미술부 아이들이 그린 그림입니다."

"놀랍군요."

"미술 예체능 프로그램이죠. 아이들이 디자인도 하고 페인트 작업도 직접 다 했어요."

"이 벽화를 보니까 학교가 따뜻한 느낌이 들어요."

"아이들이 먼저 복도가 허전하다는 의견을 냈죠. 그리고 이렇게 멋진 작품으로 채워졌습니다."

"저도 이런 학교에 다녔으면 하는 생각이 들 정도로 멋있는 변화의 모습이군요."

"학교는 변화하고 있는데, 사람들은 자신이 다녔던 학교만 생각해요. 밖으로 나가면 야생화 동산이 마련돼 있어요. 그것 또한 자유학기제가 선물한 긍정적인 변화입니다."

자유학기제에서는 예체능 수업도 활발해졌다. 평소에는 국·영·수 과목 위주의 순위를 매기는 시험에 초점이 맞춰져 있었다면, 자유학기제는 그 이외의 신체적 활동이 주가 된다. 체험하고 느끼는 수업인 것이다. 오감을 만족하는 예체능은 더욱 활발해질 수밖에 없다. 벽화를 그린 아이들을 직접 보진 못했지만, 웃음소리가 들리는 듯했다. 벽화 그리기에 참여했다는 현소정, 김희수 학생에게 소감을 물어보았다.

"벽화를 그리고 나니 어떤 것 같아?"

"뿌듯하죠. 저희도 하면서 놀랐어요. 작업을 끝내고 서로를 칭찬해주었어요. 잘했다고 후훗!"

부모는 자녀를 보고 학교를 평가한다.

노남호 정선 사북중학교 교감 선생님은 부모가 학교를 평가하는 기준은 자녀의 '말'이라고 강조했다. 아이들이 하는 말을 듣고 학교가 좋고 나

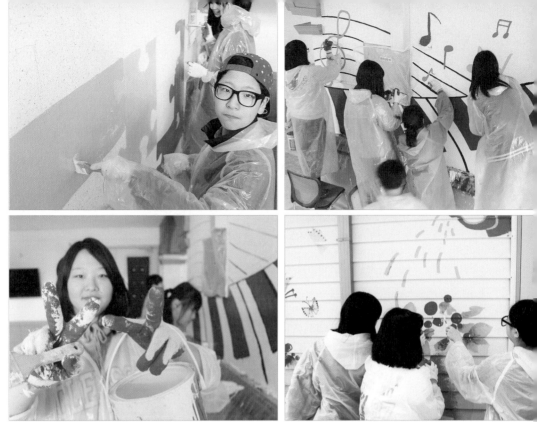
정선 사북중학교 학생들은 다소 삭막했던 복도를 생동감 있게 바꾸자고 제안했다. 그리고 스스로 페인트 칠을 하며 자신들만의 공간을 꾸몄다.

뿜을 판단한다는 것이다. 그것이 가장 중요한 기초 자료가 된다. 아이가 "엄마, 수학선생님이 정말 잘 가르쳐요."라고 말하면 부모는 수학선생님을 좋아하게 되고 신뢰하게 된다. 그런 선생님이 많아질수록 부모는 학교를 신뢰하게 되고 칭찬하게 되는 것이다.

"아이를 감동시키면 그 부모를 감동시킬 수 있어요."

"지역사회를 학교 편으로 만들 수 있겠군요."

"학생 한 명이 감동하면 열 명의 지역사회 구성원이 감동하는 셈이죠."

"지역사회를 끌어들일 수 있는 훌륭한 방법이군요."

"맞아요. 교사는 더 자신감을 갖고 아이들을 가르칠 수 있다는 믿음이 생기게 됩니다."

그의 교육철학은 '학교에서 집마당'까지다. 이른바 '돌봄교육'이다. 정선 사북지역은 아이들이 학원에 갈 여건이 못 된다. 그런 환경의 아이들을 바꾸는데 오랜 시간이 필요하다. 최소한 3년 이상의 시간이 소요된다.

"모든 아이는 무한한 가능성을 지니고 있습니다."

"그 가능성을 어찌 꽃 피울지가 중요하겠죠?"

"그래서 계획을 잘 세워야 합니다. 최소한 3년 치 계획이 나와야 합니다."

"즉흥적으로 해서 얻는 것은 일회성에 그칠 수 있다는 말씀이죠?"

"네, 아이들에게 쉴 수 있는 공간을 만들어주기 위해 숲 가꾸기를 실시했는데, 체험학습을 3년 단위로 계획해 운영했습니다."

"엄청난 노력이 필요하군요."

"처음에는 많이 힘들었지만 아이들이 무척 좋아했습니다. 그만큼 성과도 있었죠. 강원도환경대상을 수상했어요."

사북지역에서 학교의 역할은 남다르다. 이곳은 사북읍과 고한읍만 24시간 가게가 운영될 정도다. 찜질방, 안마시술, 모텔 등이 주변에 산재해 있어 학생들은 유해환경에 노출돼 있으며 문화적, 정서적 공간이 없다. 결국 인성교육은 학교가 맡아야 했다.

"아이돌보미 환경이 없었어요. 이 일을 학교가 떠맡아야 했죠."

"상대적으로 학교가 어려움이 컸겠네요."

"부모들이 학교에 대한 기대를 많이 합니다. 학교가 살아야 지역이 살 수 있는 것이죠."

학교가 적극적으로 지역의 인적, 물적 자원을 발굴해서 수업과 연결하는 프로그램을 만들어 나가야 한다.

"지역을 알게 하는 프로그램을 만든 적이 있습니다."

"어떤 프로그램이었죠?"

"동강 발원지를 탐험하는 프로그램이었어요."

"아이들이 지역을 직접 체험하는 것이군요."

"한강과 낙동강의 수계 백두대간 동해안에서 자기가 살고 있는 지역을 중심으로 자연과 문화를 알아가게 하는 것이죠."

"단순한 수학여행보다 더 낫겠는데요?"

"멀리 가는 것보다 지역을 배우고 체험하는 것이 더 소중할 수 있습니다. 체험도 멀리 가는 게 아니라 지장천이 어디서부터 흘러서 동강 쪽으로 유입되는지 길을 따라 가 보는 겁니다."

"솔직히 지역에 살면서도 자신이 살고 있는 지역을 잘 모르는 아이들이 많잖아요?"

"그렇죠. 그래서 지역을 탐색해보는 거죠. 탄을 운반하던 길인 운탄길도 따라 걸어보고, 하이원리조트에 있는 하늘길도 구분지어 걸어보았죠."

"부모들이 함께 참여해도 되겠어요."

"물론이죠. 부모의 참여는 굉장히 중요한 부분입니다. 내가 사는 지역을 정확히 아는 것이 대한민국을 사는 것이죠. 내가 있는 곳부터 하나씩 확장해 나가는 과정이에요. 자연스럽게 소중한 체험이 될 수 있습니다."

자유학기제는 잠깐 여유를 가질 수 있는 기간

정선 사북중학교 학생들을 만났다. 학생들은 자유학기제가 잠깐 쉴 수 있는 기간이었다고 말한다. 자유학기제를 통해 사제 간 변화가 있었는지 궁금했다.

"시험을 본다고 하면 수업에만 집중하게 되잖아요. 시험이 없으니까 편안했어요. 선생님과 이야기도 하고 모둠활동에서 이것저것 물어볼 수도 있었어요."

"선생님과의 관계가 더 돈독해졌겠네?"

"모둠형식도 그렇고 강의식 수업과 다르게 선생님들과의 대화가 많아졌어요. 그러니까 자연스럽게 관계도 좋아진 것 같아요."

"아쉬웠던 점도 있었을 것 같은데?"

"직업체험을 할 때 사북 내에서만 해야 하니까 다양한 체험을 할 수 없어서 아쉬웠어요."

"사북에서도 웬만한 직업체험은 할 수 있을 것 같은데?"

"아나운서가 꿈인 학생은 멀리 체험을 가야 하니까 힘들었어요. 체험 범위가 좁다고 해야 하나. 좀 더 넓어졌으면 좋겠어요."

또박또박. 차근차근. 자신의 생각을 풀어내는 학생들의 모습이 보기 좋았다. 나의 중학교 시절이 떠올랐다. 전교회장 선거 연설에서 나는 신고 있던 실내화를 들고 "이 실내화 바닥이 닳도록 열심히 뛰겠습니다!"라고 말해 회장에 당선됐었다. 하지만 전교 회장이었음에도 그 시절에 난 말을 잘하지 못했다. 무척 아쉽게도~. 하지만 지금 내 앞에 있는 학생들은 다르

자유학기제는 다양한 경험을 쌓을 수 있는 시간적 여유를 준다. 학생들은 이를 통해 자신의 꿈과 끼, 행복을 찾아 나간다.

예체능활동 합창 시간

다. 자신들이 겪고 있는 변화에 대해 사실대로 느낀 점을 하나씩 차분하게 이야기했다. 이런 소통의 방법을 배우는 것도 자유학기제에서 얻어낼 수 있는 성취라고 생각되었다.

시험이 없다고 하는데 실질적으로도 피부에 느껴지는 변화가 있는지에 대해서도 물어보았다. 또 평소 어려웠던 과목과 자유학기제를 통해서 변화가 있었는지 학생들의 생각을 듣고 싶었다.

"과학수업이요. 실험하는 건 재밌는데, 머릿속에 잘 안 들어가고 재미없는 과목이었어요. 국어도 그렇고요. 초등학교 때까지만 해도 잘했는데. 중학교에서는 좀 어려워졌어요."

동아리활동 흙사랑

"자유학기제에서 어떤 변화가 있었니?"

"모둠 수업이 많았는데, 선생님이 가르쳐주시는 것보다 우리들끼리 활동을 많이 했어요."

"경쟁이 사라진 것 같고, 친구들과 더 친해졌어요. 등수에 대한 부담도 없으니까요."

정신적으로 부담이 없으니까 행복하다는 아이들. 그래도 행복하냐는 질문에는 다소 막연하다는 반응이다. 기자와의 대화를 통해서 기자도 꿈의 목록에 한줄 넣었다고 말하기도 했다. 대화를 나누는 과정이 재미있다는 것이다. 인터뷰를 하면서 나도 자유학기제에 새로운 경험을 선물했다는 뿌

동아리 발표회

듯함이 들었다.

'꼭 해보렴.'

마지막으로 학생들은 시험이 없어서 자신이 과목공부를 얼마나 잘하는지를 알 수 없는 부분이 아쉽다고 했다. 이것은 우리나라 교육의 또 하나의 문제다. 얼마나 잘하는지를 알기 위한 등위는 필요 없다. 가장 중요한 것은 나의 만족이고, 둘째는 그로 인해 다른 이들의 공감을 끌어내는 일이 돼야 하는데 말이다. 자유학기제 후에 다시 일상으로 돌아갈 학생들에게 꼭 해주고 싶은 말이었다.

"얘들아, 성적이 인생의 성공을 보장하지는 않는단다!"

포스트 자유학기제를 위한 고민

자유학기제의 놀라운 변화, 서술형 평가를 도입하다.

강원도의 자유학기제 연구학교는 2014년 기준 모두 네 곳이었다. 나는 정선 사북을 변화시킨 강원랜드를 둘러볼까 하는 약간의 유혹(?)도 있었지만, 곧바로 태백으로 향했다. 일에 대한 욕심이 생겼기 때문이다. 정선에서 태백까지도 한참을 달려야 했다.

2013년에 양구중학교와 태백 함태중학교가 먼저 자유학기제 연구학교로 선정됐다. 이듬해 횡성중학교와 정선 사북중학교가 추가로 선정됐다. 양구중학교는 직업체험, 함태중학교는 수업의 변화에 초점이 맞춰져 있었다. 이후 횡성중학교와 정선 사북중학교는 앞선 두 학교를 벤치마킹했다. 결과는 좋았다. 그동안 교육을 변화시키기 위한 다양한 시도가 있었지만 거의 대부분 실패했던 것이다. 여러 가지 이유가 있겠지만 가장 중요한 점은 교사들의 공감을 얻지 못했다는 점이다. 어쩔 수 없이 바꾸라고 하니, 그냥 한 것이다. 그러니 하는 시늉만 했다.

자유학기제 만큼은 다른 모습이 보였다. 교사에게 자유가 주어졌다. 전문성을 발휘할 수 있게 된 것이다. 이는 진정한 평가권의 회복과 이어진다. 태백 함태중학교는 자유학기제의 긍정적 변화를 그 이후로도 이어지게 하려는 고민을 했다. 이른바 포스트 자유학기제다.

결국 해답은 시험에서 찾았다. 태백 함태중학교는 자유학기제의 긍정

자유학기제를 통해 교사와 학생 간 토론수업이 정착된 태백 함태중학교 학생들이 직접 문자를 만드는 교육을 받고 운동장을 걸어가며 이야기를 나누고 있다.

적 경험들이 계속 이어질 수 있도록 평가를 바꾸는 시도를 했다. 전 학년의 시험을 서술형으로 바꾼 것이다. 그 중심에는 홍성봉 교무부장 선생님과 염혜현 선생님이 있었다.

"고민의 출발점이 자유학기제 운영이었습니다. 3년 6학기 중에서 한 학기만 자유학기제를 실시하니까 이후 학년으로 올라가면 예전으로 돌아가게 되고 마는 거예요."

"연계성을 고민하신 거군요."

"수업 개선이야 많이 이뤄졌고, 이어져 가고 있는 상황입니다. 수업이 바뀌었으니 평가도 변화하는 게 당연하죠."

"수업과 평가는 밀접한 관계가 있다고 여겨지네요."

"그래서 교사들과 협의하고 고민해서 중간고사를 100% 논술 서술형으로 출제하기로 한 겁니다."

"놀랍습니다."

"규정을 정했는데요. 처음에는 30% 정도만 서술형으로 출제하려고 했는데, 준비를 하다 보니 욕심이 생겨버려서 100% 서술형 고사가 되고 말았습니다."

"다른 지역에서도 서술형 평가가 이뤄지고 있나요?"

"경기도 지역에서는 상당수 학교가 서술형 평가를 실시하고 있습니다. 강원도에서는 강원도형 혁신학교인 삼척 도계중학교에서 한 번 시도했었죠."

"유럽 대부분의 나라에서는 이미 객관식 선택형은 사라지고 서술형으로 출제가 이뤄지고 있는데, 아직까지 우리나라 교육은 서술형으로의 변화는 어려울 것이라고 생각했거든요. 정말 놀랍습니다."

"처음 시도하는 것이니까 완전한 의미의 서술형, 논술형은 부담스러울 수 있다. 가볍게 가자고 서서히 의견을 모았습니다. 선생님들끼리도 모여서 협의를 했죠."

"서술형의 장점은 무엇일까요?"

"교사가 가르친 내용으로 시험을 볼 수 있게 되니 수업에 학생들이 더 집중할 수 있었습니다."

"학생들이 혼란스러워 할 수도 있었을 것 같은데요?"

"서술형 평가에 대해 학생들이 미리 대비할 수 있도록 연습을 시켰습니다."

"교사들의 부담은 없었나요?"

"처음에는 문항수가 줄어드니 시간이 적게 걸릴 것이라고 생각했죠. 그런데 오히려 더 많이 걸리더라고요.

"염혜현 선생님은 어땠나요?"

"국어교과는 아무래도 서술형 평가와 연계가 있어서 학기 초부터 그런 의견이 있었습니다."

"물론 반대한 선생님들도 있었겠죠?"

"네, 문제출제에 그치는 게 아니라 평가에 맞춰서 수업을 바꿔야 하는 부분이 있기 때문이죠. 예를 들면, 단답식 칸 채우기나 소설을 읽고 갈등 요소가 무엇인지 자유로운 의견쓰기 등이 서술형으로 출제될 수 있는데요. 평가에 맞춰 수업 자료를 전부 바꿔야 했어요."

"시간이 많이 걸릴 수밖에 없겠네요?"

"다양한 사고를 할 수 있도록 바꿔야 하죠. 고민도 상당했습니다. 우리 아이들의 어휘 수준도 고려해야 했고요."

자신의 생각과 의견을 쓰는 서술형 평가. 4지선다나 5지선다처럼 계량화된 출제가 아니다 보니 평가의 객관성을 담보하기 어려운 측면도 있다. 출제자인 동시에 평가자인 교사의 주관이 개입될 여지가 있는 것이다. 하지만 교사는 자신이 가르치고 중요하다고 생각하는 부분을 평가할 수 있다. 이점에서 진정한 평가권이 회복됐다고 할 수 있다.

자유학기제의 국어수업은 활동중심이다. 학습활동에 있는 문제를 시험문제에 활용할 수

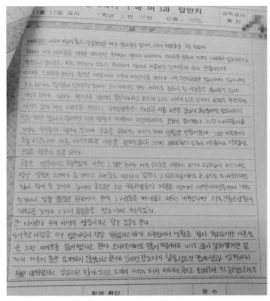

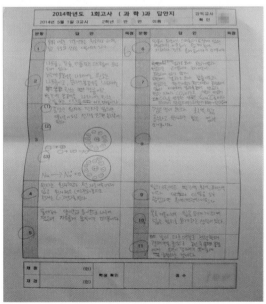

함태중학교는 수업의 변화에 머무르지 않고 평가의 변화도 시도했다. 아이들이 작성한 서술형 평가지

있다. 선택하지 않을 뿐이지 수업시간에 배운 내용을 자신의 생각에 맞게 쓰면 된다. 그러니 학생들은 수업에 집중해야 좋은 점수를 받을 수 있다.

"아이들이 수업에 집중할 수밖에 없습니다. 수업에서 배운 내용이 그대로 시험에 나오기 때문이죠."

"공정한 채점 기준표가 필요하겠네요?"

"채점의 공정성과 객관성을 확보하는 게 중요합니다. 그래서 문제를 출제하는 데도, 채점 기준표를 만드는 데도 시간이 많이 소요됩니다."

"국어 이외의 과목은요?"

"다른 과목도 마찬가지지만 조건어, 제시어 등의 기준표를 갖추고 그 단어가 들어가면 점수를 주게 됩니다. 문맥이 맞지 않으면 감점 요소가 생기는 거죠."

"처음이라 힘들었겠어요?"

"서술형 평가를 위한 여러 가지 지원 시스템이 마련돼 있어요. 도움을 주는 포털 사이트도 있습니다."

"힘들어도 평가의 변화는 자유학기제의 후속으로 이어져야 합니다. 시험을 안 본 상태에서 다시 객관식 시험을 보게 된다면 자유학기제가 추구하는 성과와도 동떨어지게 됩니다."

"지역 학원가에서 반발하지 않을까요?"

"평가가 바뀌면 쪽집게식 학원은 갈 필요가 없어지게 됩니다. 수업의 방법과 평가의 변화는 맞물려갈 수밖에 없습니다."

"사교육을 없앨 거의 유일한 방법 같습니다."

학생이 중심이 되는 수업을 준비하라.

학생이 중심이 되는 수업을 준비하려면 교사들의 엄청난 노력이 필요하다. 부담도 된다. 하지만 교사는 가장 힘들면서도 보람 있는 부분을 꼽으라면 바로 수업의 개선일 것이다.

"그동안 익숙한 강의식 수업을 한순간에 바꾸긴 어려워 보이는데요?"

"강의식 수업도 나름의 장점이 있습니다. 하지만 자유학기제에서는 학생이 중심이 되는 수업으로 변화해야 합니다. 말씀하셨듯이 지금까지 유지해온 수업의 틀을 깨는 일은 상당한 부담감으로 다가옵니다."

"예를 든다면요?"

"수학의 경우 칠판에 예제를 풀어주고 설명하는 방법이 가장 효율적인데, 이를 변화시키는 일은 어려운 일일 수도 있어요."

"선생님들도 자신의 틀을 깨는 일이 쉽지만은 않으시겠죠?"

"그것이 제일 힘든 일인 것 같습니다. 업무 면에서도 없었던 업무였으니 부담이 되죠."

"조금 더 나아지고 있다는 믿음이 중요해 보여요."

"시작한지 얼마 안 되는 연구학교입니다. 아무것도 없는데 새로운 것을 창출해내는 일이었어요. 이건 전 교육과정이 바뀌어야 하는 부분이 있습니다."

"전부를 바꿔야 하는 일?"

"네, 지금까지 다루지 않았던 것들을 배워야 했어요. 부모들은 업무 담당자보다는 담임선생님의 이야기를 듣게 됩니다."

'나도1급 요리사'라는 자유학기제 프로그램에서 자신의 요리를 자랑하고 있다.

　"부모님들의 반응은 어땠나요?"

　"공부를 잘하는 학생들의 부모는 자유학기제를 못 미더워했어요. 보이는 성적이 안 나오니까 불안한 거죠."

　"피해의식 같은 건가요?"

　"지역사회 안에서 우리 학교만 하니까 성적에 피해가 가지 않을까 하는 걱정이겠죠. 제도가 처음 시행되고 나오는 불만들입니다."

　"어려운 점은 무엇이었나요?"

　"정부나 교육청 차원의 홍보보다는 교사가 나서서 학부모를 안심시키는 부분들이 어려웠습니다."

진로체험 프로그램에 참여한 학생들이 소방관 체험을 하고 있다.

태백 함태중학교에서도 과목 융합수업이 있다. 미술과 기술 교과의 공통적인 단원으로 종이 바벨탑 쌓기 등을 하는 것이다. 창작물 만들기다. 사실상 융합보다는 통합의 개념이다.

자유학기제 연구학교를 운영한다고 했을 때 홍성봉 교무부장은 담당교사 혼자만으로는 감당이 어렵다는 것을 직감했다고 한다. 전 교사가 동참하지 않으면 절대로 할 수 없는 일이라고 판단했다. 융합수업도 욕심내지 말자고 했다. 교과 선생님들 간 융합 주제를 끌어내어 자유롭게 이뤄내자고 했다. 그리고 주제를 공유했다. 작은 성과였다.

"교사들의 소통이 중요해 보여요."

학생들이 자유학기제를 스스로 소개하고 있다.

"그럴 수밖에 없죠. 우리 학교 선생님들은 수시로 대화하고 아이디어를 쏟아냈어요."

"협력이 잘 이뤄졌군요."

"감축될 과목은 어느 분야인지, 선택 프로그램 동아리를 수업이 감축된 교사가 받아주겠느냐 등등 여러 문제가 있었지만 내 과목은 절대 줄일 수 없다는 의견이라든지 혼자만 편해지려는 것은 없었어요."

"자기 것을 챙기기보다는 양보를 통한 협력의 모습이었군요."

"이러한 모습들이 선생님들에게 먼저 나타나야 자유학기제가 성공한다고 생각합니다."

"진로체험 분야에서도 협의과정이 많이 필요하잖아요?"

"네, 교과나 진로체험을 하려면 자주 협의할 수밖에 없습니다. 새롭게 시작되는 제도니까요. 대화가 오가지 않으면 제도적인 면에서 끝날 수밖에 없습니다."

"공식화된 협의보다는 비공식상에서의 논의과정이 엄청났겠군요."

"네, 공식화된 협의과정보다는 비공식상에서 나온 아이디어들이 창의적이고 실효성이 높았습니다. 교사들의 소통이 중요한 이유이죠."

자유학기에는 학교의 문이 더 많이 개방된다. 외부의 경험을 학교로 끌어들이려는 노력은 자유학기제 성공 조건에 필수다. 그래야만 다양한 경험을 선물할 수 있기 때문이다. 하지만 지역의 외부강사를 활용하는 측면에서는 어려움이 있다. 교사들도 선택 프로그램에 많은 신경을 쓸 수밖에 없다. 교사는 사실상 창의적인 프로젝트 수업을 준비하는 것만으로도 벅찬 실정이다.

"지역사회에서 외부강사를 활용할 때 가장 큰 문제점은 인적자원 자체가 부족하다는 점입니다."

"아무래도 소규모 지역에서는 다양성이 부족하겠죠?"

"섭외 자체가 문제입니다. 강사들의 역량을 확인하고 뽑을 수 있는 선택권이 없어요. 강사가 이곳까지 와주기만 해도 고마운 일이거든요."

이러한 문제를 해결하기 위해서라도 교사들의 연수를 강화할 필요가 있다. 교사들의 취미를 활용한 선택 프로그램의 활용은 긍정적 효과를 줄 수 있다. 교사가 다양성을 만들어가는 최선봉에 서야 한다. 멀리 볼 것도 없이 교사 자신의 취미를 활용하면 더할 나위 없다. 누누이 강조했듯이 지역의 환경은 열악하지 않다. 훌륭한 자원을 잘 활용하지 못하는 것이 더 큰 문제다. 적절히 교사의 재능을 활용하면 된다.

학생들을 위주로 한 수업이 이루어지고 있는 함태중학교의 학생들은 과연 학교에서 행복할까? 염혜현 선생님은 대답 대신 사진 한장 을 보여줬다.

"아이들이 만든 아기자기한 식단표예요."

"식단표요?"

"네, 아이들이 학교에 오는 이유는 두 가지라고 해요. 첫째는 체육시간이고 둘째는 점심시간이랍니다. 후훗! 귀여우면서도 짠하죠? 아이들은 초등학교가 더 좋았다고 해요. 중학교는 재미는 있긴 하지만 공부가 어렵다고……."

"공부를 본격적으로 해야 하는 시기가 된 거죠."

"초등학교 때는 공부를 해야 하는 시기라고는 인식하지 않는 것 같아요. 하지만 중학생이 되면 부담감 때문에 힘들다고 생각하는 거죠."

"학업에 대한 부담감이 슬슬 생기나 봅니다."

"그래서 자유학기제 연구학교는 오히려 재밌고, 다양한 활동을 하는 곳으로 변했으니 행복해할 것이라는 생각이 들어요. 아이들이 짠 식단표를 보면서 '작은 부분에서 소소한 행복을 찾는구나'라는 생각이 들었어요. 자유학기제를 통해 아이들을 더 잘 알게 된 거죠."

"자유학기제가 아이들을 세심하게 바라볼 수 있는 기회도 주는군요."

"네, 여러 면에서 자유를 주는 것 같아요. 아이들에게는 한 학기지만 공부 이외에 다른 걸 해볼 수 있는 소중한 시간이잖아요."

"핵심적인 교과는 자유학기제에서도 수업이 이루어지고 있는 거죠?"

"네, 교과와 연계해 꿈을 찾는 시간입니다. 여유 속에서 자신의 미래를 생각해볼 수 있지요."

"자유학기가 그나마 아이들에게 줄 수 있는 행복이네요."

"지금은 아이들이 수업이 기다려진다고까지 말해요. 학교생활이 행복하다고 생각하는 이유죠. 더 나아가 나를 발견하는 시간이 되면 더 의미가 있을 듯해요. 그건 학생들의 몫이긴 하지만."

자유학기제 기간 동안 수업시간에 졸거나 아예 엎드려 잠을 자는 학생들을 찾아 볼 수가 없어 교사들은 깜짝 놀랐다고 한다. 참여형, 학생 주도형 수업으로 이루어지니 당연히 자는 학생은 없을 것이다. 다른 학교에 비해 우리 학교 학생들이 행복할 것이라고 교사들은 자신 있게 말했다.

자유학기제 시행 초기 부정적인 시각도 상당 부분 존재했다. 심지어 실패했던 열린 교육이라는 말까지 나왔다. 하지만 자유학기제 연구학교 등의 운영을 통해 긍정적인 모습들이 나타나기 시작했다. 홍성봉 교무부장은 이제는 학생들을 위한 수업과 평가가 고입과 대입으로 이어져야 한다고 강조했다.

"다행히 강원도는 고교 평준화가 이뤄지면서 고입에 대한 부담이 줄었고, 교사들은 수업방법을 개선할 수 있는 기회를 얻었습니다. 이런 점이 자유학기제로 자연스럽게 이어졌어요."

"고입에 대한 부담이 사라져서 중학생들이 성적보다는 적성을 찾을 수 있는 기회를 얻었다는 것이죠?"

"네, 그렇습니다. 이제 자유학기제를 시작하는 단계입니다. 교사들의

함태중학교 자율주제 프로젝트 수업 모습

협조도 잘 됐고, 모든 선생님은 자부심을 갖고 있습니다. 조그마한 변화들이 기틀이 되고 있습니다. 이것이 앞으로도 계속 이어져야 합니다."

허나 더 큰 문제는 자유학기제를 경험했던 학생들이 고등학교에 진학하면 대입을 향한 경쟁체제에 돌입해야 한다는 점이다. 중학교 시절 자유롭고 활기찬 수업을 했던 학생들이 책상에 앉아 수능 등급을 위한 공부를 시작해야 한다는 것이다. 자유를 만끽했던 학생들이 수험생이 돼야 하는 이 지점에서 우리 학생들은 혼란을 겪을 수밖에 없다. 이를 연계할 고민을 지금부터 해야 한다는 것이다.

염혜현 선생님은 지난 1년간 자유학기제 연구학교에서 세 단어를 가장 많이 사용했다고 한다. 바로 '꿈', '끼', '행복'이다. 자유학기제가 학생들을 위한 제도라고 하지만 행복해져야 할 사람들은 또 있다. 바로 교사들이다. 교사가 행복해야 아이들이 행복할 수 있다. 역시 교사는 수업을 통해 행복을 느낀다.

"교사들이 행복할 수 있는 때가 언제일까 고민해보면 바로 수업시간입니다. '언제 보람을 느끼냐'고 묻는다면 아이들이 수업시간에 달라진 모습을 보일 때라고 대답할 수 있어요."

"적극적으로 흥미를 느끼는 학생들을 만나는 일이죠?"

"네, 보람을 느낄 때 행복한 교사라고 생각합니다. 자유학기제를 연구하면서 선생님들이 힘들고 부담되는 건 사실입니다."

"아무래도 바꿔야 하는 부분이 많고, 요구되는 것도 많기 때문이겠죠?"

"네, 힘이 많이 들지만 내가 평생 있어야 할 교실 안에서 아이들이 생기 있는 활발한 모습으로 변해간다면 교사들은 행복의 씨앗을 찾을 수 있다고 생각합니다. 그 의미를 찾기도 했고요."

자유학기제, 좋은 경험이지만 사교육은 그대로

태백 함태중학교가 자유학기제 연구학교를 한다고 했을 때 학부모들의 항의가 많았다고 한다. '설마 우리 학교가 하겠어'라는 생각을 했는데, 연구학교로 덜컥 선정돼 버린 것이다. 부모들은 자녀들의 성적에 상당한 관심을 갖고 있다. 우리나라는 대학에 입학하기 위해서는 수학능력시험에서 높은 점수를 받아야 한다. 그런데 한창 공부를 해야 할 때 아이들을 놀린다고 하니 반발이 심했을 것이다. '공부를 열심히 해도 될까 말까 한데, 진도는 안 나가고 무슨 자유학기제라고 해서 수업을 그렇게 하느냐'

는 의구심이 들었을 것이다. 하지만 차츰 그런 부모들의 생각이 바뀌었다고 했다. 1학년 학부모 대표는 공개수업을 참관하고 감동까지 받았다고 한다. 그 학부모들과 대화를 나누어 보았다.

"아이가 먼저 변화하는 모습을 보이더군요."

"어떤 변화의 모습을?"

"아이가 집에 와서 교과서 말고도 관련 서적들을 방바닥에 펼쳐놨어요. 여러 가지를 파헤쳐 놓고 그룹으로 엮더라고요."

"뭔가 하는 모습을 보셨군요?"

"네, 아이들이 모두 함께 공유할 수 있는 것들, 그런 것이 없어졌다는 게 우리 교육의 문제라고 생각했거든요. 그런데 자유학기제가 그런 병폐를 바꿔주는 것 같아요."

"함께 하는 프로젝트 수업이 많이 늘어났군요. 또 다른 변화의 모습도 있었나요?"

"일단 아이의 표정이 밝아졌어요. 학교가 재미있다고 말해요."

"긍정적인 변화네요?"

"네, 시간이 가면 갈수록 결실의 열매가 보였어요. 무엇을 해야겠다는 목적의식도 생긴 것 같고요."

"사실 그게 중요하잖아요?"

"네, 목적은 희망이라고 생각해요. 무엇을 잘하더라가 아니라, 그것을 알아가는 과정이죠. 전반적으로 자유학기는 좋은 학기 같다는 생각이 이제는 듭니다."

부모들은 평소 자녀들의 표정만 봐도 무슨 생각을 하는지 알 수가 있다. 하지만 사춘기에 접어들면 부모들은 난감해진다고 한다. 이야기도 잘 안 하려 들고, 무슨 일이든 시큰둥해하고……. 부모들은 자유학기제가 그런 예민한 사춘기 아이들에게 스스로 문제를 해결할 힘을 길러줄 수 있을 것 같아서 필요하다고 생각한다. 반면 또 새로운 경험을 많이 하면 혼란스러울 것이라는 걱정도 한다. 학교에서 평가를 서술형으로 바꾼다고 하니 부모들은 기대 반 불안 반이었다. 그래도 아이들이 감당할 수 있다고 하니 부모로서 믿을 수밖에 없었다.

"전체 학교가 자유학기제를 하면 불만이 없을 수도 있겠죠. 하지만 특정 학교만 하는 상황이잖아요. 불안하죠. 서술형 평가가 자신의 생각을 글로 옮기는 일이라니 대입에 도움이 될 것이라는 생각에 조금은 안심이 되었어요."

"요즘 대입도 면접이 중요한 요소니까요. 자기 생각을 잘 정리할 수 있는 능력을 갖춘다면 도움이 될 수 있겠죠. 그렇다면 학교 수업 이외에 아이들의 과외는 하는지요?"

"학교의 수업만으로는 만족하지 못하죠. 과외 수업은 과외 수업입니다."

"자녀의 과외 수업을 하는 특별한 이유라도 있나요?"

"학교에서 공부를 해도 놓치는 부분이 많습니다. 그런 부분을 위한 보충수업 정도라고 생각해요. 중학교 들어와서 처음 학원에 보냈어요."

"어떤 과목을 배우게 하나요?"

"영어, 수학, 문법 등 소통하기 위해 필요한 것들을 배울 수 있도록 학원에 보내고 있어요."

분명 자유학기제가 좋은 교육이라고 여기지만 현실은 다르다. 고입과 대입을 대비해야 한다. 앞서 평가의 변화는 사교육을 없앨 유일한 수단일 것이라는 언급을 했지만 인식의 변화는 쉽지 않은 게 현실이다. 과외는 쉽게 사라지지 않을 것이다.

자유학기제가 진정한 성공을 이루기 위해서는 이 점을 분명히 짚고 넘어가야 한다. 자유학기제의 긍정적 효과가 고입과 대입에 이어지게 하려는 노력이 필요하다. 그렇지 않다면 부모의 고민은 수그러들지 않을 것이다. 자유학기라는 좋은 교육을 받은 아이들이 대입에서 좋은 점수를 낼 수 있도록 교육을 변화시켜 나가야 한다. 부모는 자녀의 꿈을 잘 알고 있을까? 자녀의 꿈에 대해서도 아는지 물어보았다.

"우리 아이는 장래희망이 흐리멍덩한 상태였어요. 그런데 자유학기제 이후 '뭐가 될래?' 물어보니 건축디자이너가 되겠다고 야무지게 말하던걸요."

"선명한 꿈이 생긴 건가요?"

"가장 감사한 부분이죠. 꿈이 생기면 목표가 생기잖아요. 그러면 무엇인가 열심히 하려고 할 것이고요."

"요즘 아이들은 성공에 대해서 유연한 생각을 갖고 있는 것 같아요."

"네, 성공이라는 것은 각 개인마다 다르지만 대기업의 회장, 대통령 같은 대단한 사람이 되는 것이 목적은 아닌 것 같아요."

"그럼 뭘까요?"

"기준은 저마다 다르겠지만 힘들어하지 않고, 쫓기지 않고, 편안한 상태에서 최고인 상태가 될 수 있다고 봅니다. 건축 디자이너로 대단한 성공을 하길 바라지는 않아요. 최고보다는 집을 짓는 자체에서 즐거움을 찾는 성공을 바랍니다."

자신의 일이라면 행복하다. 즐기면서 하는 공부도 그럴 것이다. 2학기에 들어서 함태중학교 학생들은 입을 열고 동참을 하는 모습을 보였다. 부모들은 이런 모습이 너무나 예쁘고 감동이라고 말했다. 아이들이 활발해졌다는 것을 느낀 것은 공개수업에서였다. 절반이 누워 자고 있던 이전의 교실 풍경과는 확연히 다른 모습이었다. 분명 자유학기제는 교실을 활기차게 바꾸어 놓았다. 문제는 자유학기제의 좋은 취지를 살리기 위해서는 시간이 필요하다는 점이다. 모두 함께 가는 길은 시간이 오래 걸리기 때문이리라.

함태중학교가 자유학기제 연구학교가 된 이후 1학년 2학기 학생들에게는 성적표가 없다. 내신성적에는 반영된다고 하지만 다소 헷갈리기도 한다. 기존과는 다른 변화의 모습 속에서 아이들이 조금씩 하나가 되고 있는 모습을 볼 때면 부모들은 가슴이 뭉클해진다고 했다.

친구들과 협력하는 재미 vs 무임승차의 문제

태백 함태중학교 학생들을 만났다. 이들은 친구들과 협력하는 수업이 무척 재미있지만 무임승차의 문제는 스트레스라고 고백했다. 3학년 학생들은 2학년 후배들이 부럽다고도 했다. 후배들이 요리도 배우고 중국어도 배우며 다양한 활동을 하는 반면에 자신들은 교과서 공부만 했기 때문이라는 것이다.

전혀 영향을 받지 않은 것은 아니지만 시험이 있고 없고의 차이는 엄청난 차이다. 그래도 자유학기제로부터 시작된 변화는 학교 전체의 풍경을 바꾸어 놓았다. 이제는 3학년도 조별 활동을 많이 한다고 한다.

"영상미디어 컴퓨터 등도 배웠는데, 지루하지 않아서 좋았어요. 조별 활동을 하다 보면 대화가 많고 재미있어요."

"수업 시간에 자는 학생들은 없니?"

"없어요. 적극적이든 소극적이든 참여를 해야만 해요."

한 학생은 자유학기제 기간 동안 진로에 대한 고민을 많이 했다고 한다. 직업체험은 두 번이나 경험했다. 학교에 강사를 초빙해 자신의 직업에 대해 설명하는 시간도 가졌다. 다른 나라의 언어와 예체능을 체험하면서 자신을 알아가는 시간이 됐다고 한다.

"내 자신을 알게 됐다면 분명한 목표도 정했니?"

"외과의사가 목표예요. 하지만 확실히 정하지는 못했어요."

"의사? 어찌 보면 뻔한 꿈일 수도 있는데?"

"돈도 많이 벌고 괜찮은 직업이라는 생각이 들잖아요. 그런 이유도 있고 막연하게 의료 쪽으로 생각이 있었어요."

"그 꿈을 구체화한 것이군."

"네, 병원으로 진로체험도 갔어요. 직업 분야별로 강의를 들었는데, 그때 의사란 직업이 해볼 만한 가치가 있는 직업이라고 생각했어요."

또 다른 학생은 중학교에 들어와 다소 혼란을 겪었다고 한다. 초등학교와는 분위기도 다르고 적응하기가 다소 힘들었다. 흥미를 느끼지 못했다. 심지어 본인이 잘하는 것이 있다는 생각조차 하지 못했다. 그 학생에게 자유학기제를 통해 변화가 있었는지를 물어보았다.

"친구들과 이야기도 많이 할 수 있었고 조별 동아리활동도 아주 좋았어요."

"학교에 흥미를 느끼게 되었니?"

"네, 친구들과의 협력활동이 재미있었어요."

"그동안 공부하고 시험보고 그랬잖아요. 그런 걸 당연히 하는 일이라고 여겼고요. 그런데 이런 공부로는 자신이 좋아하는 일을 찾게 만들어주지는 않는 것 같아요."

"그럼 다양한 활동을 통해서 좋아하는 일을 찾았다는 거야?

"네, 여러 가지 활동을 하면서 그걸 알게 된 것 같아요. 자유학기제에서 얻은 소득이라고 할 수 있죠."

"구체적으로 예를 든다면?"

"영상미디어반에 들어가서 컴퓨터 작업을 했는데 평소 알 수 없었던 나의 재능을 발견하는 순간이었어요."

"우와! 그랬구나. 그럼 지금은 꿈을 정했니?"

"네! 방송기자예요."

이 학생도 예전에는 뚜렷한 주관이 없었다. 아닌 척하며 소심해야 했고, 발표하는 법도 몰랐다. 자유학기제가 친구들과의 대화법을 알려주었다고 한다.

"계획도 짜고 프로젝트도 수행했어요. 물론 친구들과 함께 했죠. 그런 과정을 통해 자신감과 자긍심이 생겼어요."

"자긍심?"

"네, 이런 것도 할 수 있다는 나를 발견할 수 있었다는 거죠!"

프로젝트 수업은 개별보다는 모둠별로 진행된다. 당연히 무임승차의 문제가 발생할 수밖에 없다. 이에 대한 스트레스도 있을까? 학생들은 이구동성으로 외쳤다.

"물론이죠. 엄청난 스트레스예요. 소극적으로 참여한 친구들도 같은 점수를 받는다는 게 불공평해요."

"평가방식에 있어 조원들의 평가도 포함할 수 있으면 좋겠구나."

"보통은 문제해결을 위해 노력을 해요. 그래도 방해를 하는 친구들이 있어요. 개별활동이 아닌 모둠별 활동에서 나타나는 문제예요."

학생들은 선생님과의 관계도 자유학기제를 통해 변화했다고 한다. 그것은 자유학기의 학생뿐만 아니라 전교생의 경험이었다.

"자유학기에서의 수업은 형식적이지 않았던 것 같아요. 물론 직접적인 영향을 받을 순 없었지만 2학년 때의 경험이 3학년까지 영향을 줬어요."

"예를 들어 줄 수 있니?"

"한 과목을 맡은 선생님이 전교생을 다 맡거든요. 기술과목은 원리를 배우는 동시에 태양 전기를 직접 만드는 체험을 하게 돼요. '다빈치의 다리 만들기' 등을 했어요. 그걸 모든 학년이 할 수 있는 거죠."

"다빈치의 다리 만들기?"

명예퇴직을 고려했던 교사의 마음을 바꾸게 한 자유학기제

교단에 위기가 찾아왔다고들 한다. 교사를 폭행하는 학생들이 나오는가 하면 수업시간에 욕설 등 막말을 서슴지 않는 학생들도 있다. 이런 학생들을 볼 때면 교사로서의 자긍심은 땅으로 떨어지고 만다. 교사의 교권이 무너졌다. 하루하루가 지옥 같은데, 좋은 교육에 대한 고민은커녕 교육현장을 벗어나고만 싶어진다. 학생의 인권도 중요하지만 교사의 교권은 사회라는 건축물의 뼈대이다. 이것이 무너져 버리면 우리 사회는 더 이상 유지될 힘을 잃어버릴 수 있다.

그렇다고 학생의 인권도 무시할 수 없다. 우리 사회의 권위주의적인 모습 때문이다. 학생 인권과 교권, 그 어느 하나 우선시 될 수 없는 소중한 가치다. 그 사이에서 갈등이 발생하면 판단하기가 곤란하다. 그래서 조화를 이뤄내야 한다. 쉽지가 않다. 이를 해결하기 위한 훌륭한 방안이 있다. 바로 자유학기제다.

자유학기제는 학생은 물론 교사도 변화하게 한다. 태백 함태중학교의 한 교사는 여러 가지 이유를 들어 명예퇴직을 심각히 고민했다. 하지만 자유학기제가 그에게 잃어버렸던 교사로서의 초심을 되찾게 했다. 가르치는 재미를 되찾은 것이다. 자유학기제가 주는 긍정적인 변화의 선물이다. 사고력을 키울 수 있는 수업, 이런 수업을 하고 싶었다. 자유학기제에서는 가능했다.

교사는 우리 사회에 가장 인기가 높은 직업이다. 이유는 직업의 안정성과 보람, 사회적 대우, 자기계발의 기회가 많이 부여되기 때문인 것으로 여겨진다. 그렇지만 내가 생각하는 가장 중요한 이유는 교사는 전문성을 발휘할 수 있는 기회가 있기 때문에 좋은 직업이다. 전문성은 교사에게 보람을 주는 무기다. 아이들이 참여하는 수업을 통해 창의력을 키워내고, 이를 평가할 수 있는 진정한 평가권이 보장돼야 하는 이유다. 자유학기제는 강제하지 않는다. 교사가 스스로 만들어 나갈 수 있다. 더불어 학생들도 자기 주도의 삶을 살 수 있도록 최소한의 맛이라도 보게 하려는 의도다. 그것이 명퇴의 결심을 바꾸게 한 이유라고 생각한다.

"네, 원리와 이론을 동시에 습득할 수 있게 되죠. 시험에도 수업에 배운 그런 내용이 나와요."

"자연스러운 긍정적 변화의 힘이구나."

조별활동은 친구 간의 관계뿐만 아니라 선생님과도 폭넓게 이야기할 수 있게 만든다. ○○선생님의 경우 자유학기제 시행 전에는 따분하고 말투도 센 무서운 교사로 여겨졌었는데 지금은 친밀한 관계가 되었다고 한다.

"선생님이 사탕을 많이 줘요. 그렇게 우리와 친해지시려고 노력하는 선생님이 좋아요. 예전에는 수업시간에 그냥 일방적으로 선생님은 가르치고 우리는 듣기만 하고 그랬는데, 요즘은 질문도 많이 하고 대화를 자주 나누게 됐어요. 심지어는 쉬는 시간과 점심시간에도 이야기를 많이 해요."

"선생님들과 소통이 시작됐구나."

"물론 지루한 수업도 있어요. 조별과제를 할 때도 귀찮아하는 선생님들은 너희들끼리 알아서 하라 하실 때도 있어요. 선생님들의 다양한 모습을 볼 수 있었어요."

자유학기제, 처음으로 마음에 드는 정책

자유학기제는 중학교에서 시작한 교육개혁의 시발점이다. 한 교사는 30여 년의 교사 경험 중에서 처음으로 마음에 드는 정책이라고 말하기도 했다.

"갈 수밖에 없다고 한다면 먼저 합시다."

태백 함태중학교에서 교감으로 재직하면서 자유학기제를 이끌었지만 현재 황지중학교 교장으로 자리를 옮긴 김철남 선생님의 얘기다. 김철남 교장 선생님은 절대 조급해서는 안 된다고 조언했다. 태백 함태중학교는 강원도형 혁신학교인 행복더하기학교를 지난 2012년부터 운영했다. 2013년에는 교과교실제를 구축했다. 행복더하기학교의 핵심은 아이들이 행복한 학교 만들기다. 아이들을 중심에 두겠다는 의도다. 이 방향이 자유학기제와 통했다. 연결이 자연스러웠다.

"최소 1~2년은 걸려요. 그 기간에는 교사들의 자발성이 필요합니다."

"계속해서 느끼는 것이지만 역시나 교사들이 가장 중요하다고 여겨집니다."

"맞습니다. 교사에게도 자유를 줘야죠."

"자유를 준다는 의미는요?"

"교사가 주도하는 것이죠. 지역의 특성에 맞춘 프로그램을 개발하고, 학교 실정에 맞는 자신의 일을 하는 거예요."

"어려움은 없었나요?"

"자유학기제는 학교 구성원 모두가 참여해야 성공할 수 있습니다."

"너무 많이 듣는 말이군요.

"그렇죠. 그만큼 중요한 요소입니다. 구성원 모두가 참여한다는 의미는 서로 간의 끊임없는 토론과 협의의 과정이 따르는 것입니다."

"그런 절차와 과정에서 시간이 필요할 것 같은데요?"

"어느 누가 독단적으로 오늘부터 자유학기제 하자. 그렇게 했다면 절대 잘 될 리 없습니다."

"공감을 끌어내기가 그만큼 어려움이 있다는 얘기이겠죠?"

자유학기제는 학생들의 표정을 밝게 한다.

"교사들이 공감할 수 있는 협의를 이끌어내기 위한 소통의 과정이 엄청날 수밖에 없는 이유입니다."

김철남 교장 선생님은 자유학기제의 긍정적 효과를 경험한 자유학기제 전도사다. 그 영향은 필자에게도 조금씩 스며들어 왔다. 이런 좋은 제도를 활성화해 나갈 수 있도록 나도 자유학기제 전도사가 되겠다는 각오가 바로 그 영향이었다. 사실 나도 자유학기제를 취재하면서 많이 변화했다. 주체적으로 하는 일이 얼마나 즐거운 일인지 깨닫게 된 것이다. 어느 누구도 나에게 자유학기제에 대한 기획기사를 주문한 적은 없었다. 하지만 기자로서 학교와 지역이 함께 고민하며 자유학기제가 성공적인 교육의 변화를 이끌어낼 수 있도록 고민을 함께 해보자는 마음이 들었다. 어찌 보면 이런 시도 자체가 자유학기제가 원하는 의도일 것이다.

기획취재를 진행하면서 너무 많은 어

려움에 봉착했었다. 그래도 내가 하고 싶은 취재였고, 의미 있는 일이라는 생각이 든 만큼 역설적으로 어려울수록 더욱 재미가 있었다. 난제를 풀어나가는 재미를 느낀 것이다. 스스로 시작한 일이었기에 가능했다. 방이 지저분해 치우고 싶다는 생각이 들면 스스로 열심히 청소를 한다. 하지만 엄마가 "방이 왜 이렇게 지저분하니? 좀 치워라."라고 할 때는 억지로 하게 된다. 대충 마무리하면 그만이다.

자유학기제는 자기가 주도하는 경험을 선물하는 기간이 돼야 한다. 그와 이야기를 나누며 이런 소중한 경험을 다른 이에게도 전하고 싶다는 생각이 들었다.

'자유를 선물하는 기간이 바로 자유학기제다!'

자유학기제 성공의 창(窓) 3
아일랜드에 가다

CHAPTER 01

자유학기제의 롤모델
아일랜드의 전환학년제
Transition Year : TY

아일랜드로 출발

한국에서 아일랜드로 가는 직항이 없다. 그래서 아일랜드로 가는 여정은 시간이 많이 소요됐다. 아일랜드와 사이가 좋지 않은 영국을 거쳐 가면 입국심사부터 까다롭다는 말을 들어서 네덜란드를 거쳐서 갔다. 긴 비행시간 끝에 힘들게 아일랜드 더블린에 도착했다. 그런데 입국에 두 라인이 있었다. 유럽인, 비유럽인. 이것은 또 무슨 차별이란 말인가. 한참을 기다려야 했다. 더욱 난감했던 것은 언어의 문제였다. 영어에 익숙하지 않아서 질문에 대답이 선뜻 나오지가 않는 것이었다. 만나기로 한 가이드는 공항 밖에 있었다. 짐 안에 든 것이 무엇이냐는 질문에 대답을 해야 하는데 '인터뷰 사례 선물'이 얼른 떠오르지 않았다. 그만큼 낯선 환경은 나를 주눅 들게 만들었다. 겨우 입을 뗐다.

"인터뷰이 프레즌트. 디스 이즈 프레즌트 포 인터뷰이."

한국인 가이드가 반가웠다. 대략 만 하루를 쉬지 못했다. 아일랜드에서는 일주일간 홈스테이를 하기로 했다. 전환학년제 경험을 직접 체험하고 싶었기 때문이다. 부랴부랴 차량을 빌려 홈스테이 집으로 향했다. 나는 머물기로 한 집에 도착하자마자 인터뷰를 시작하고 싶다는 의욕이 넘쳤다. 하지만 긴 비행에 지쳐 내 눈은 이미 감기고 있었다.

스페인 소녀가 아일랜드에 온 이유

애니 아츠까옌데(Ane Atxikallende) 양은 아일랜드 말라하이드 커뮤니티 스쿨에서 전환학년제를 경험하고 있는 스페인 빌바오 출신의 소녀다.

아일랜드의 전환학년제는 교사 출신으로 교육부 장관을 지낸 리처드 버크(Richard Burke)가 처음 제안했다고 한다. 그는 1974년 학교 교육이 시험성적을 위한 지식습득에 몰두하는 현실을 안타까워하다 학교가 사회와 유리되는 것을 극복하기 위해 이 프로그램을 시작했다는 것이다. 전환학년제 기간은 만 15세의 학생들이 1년 동안 다양한 경험을 쌓으면서 미래를 스스로 설계할 수 있는 기간이 된다. 우리나라로 치면 고등학교 1학년의 시기로 '문과냐 이과냐'를 결정하는 시기이기도 하다. 이 시기에 아일랜드 학생들은 시험의 부담에서 벗어나 다양한 경험을 쌓고 있는 것이다.

유럽에서는 유일하게 입시학원이 존재한다는 아일랜드. 그만큼 경쟁이 치열한 사회다. 순위를 가리기 위한 시험으로 인해 자살, 왕따 등 다양한 사회 문제가 발생했다고 한다. 그런 악순환의 고리를 끊기 위해 전환학년제를 도입했다.

스페인에서 아일랜드로 건너온 애니 양은 전환학년제 기간에 특별한 경험을 했다. 아일랜드의 대통령 앞에서 피아노 연주를 할 기회를 가질 수 있었던 것이다. 전환학년제 시작 전에 자신이 원하는 것에 대한 주제를 갖고 스스로 선택한 프로그램이다. 크리스마스 전후로 두 번에 걸쳐 다양한 여행 활동도 즐길 수 있다.

아일랜드 대통령 앞에서 피아노를 연주한 애니 아츠까옌데 스페인 소녀

"스페인에서는 경험할 수 없는 새로운 경험을 했어요."

"어떤 경험이었니?"

"대통령 관저에 방문하는 여행 프로그램이 있었어요."

"대통령 관저 방문?"

"네, 대략 30여 명이 함께 갔어요. 그런데 제게 피아노 연주를 할 기회가 주어졌어요."

"놀랍구나! 누구나 할 수 있는 경험이니?"

"아뇨. 쉽지 않은 경험이죠. 아일랜드에서는 전환학년제 기간 동안 대통령은 아니더라도 TV에 나오는 유명한 사람들과 만날 수 있는 기회가 주어져요."

전환학년제는 정규 학기와는 달리 무척 유연하게 운영된다. 이 때문에 학점이 교류되는 유럽에서는 비교적 쉽게 교환학생들의 모습을 찾아볼 수 있다. 영어도 익히면서 학업의 스트레스에서도 벗어나려고 여러 학생들이 전환학년제가 있는 아일랜드를 선택한다는 것이다. 애니 양도 그런 이유가 컸다고 한다.

"1년까지는 아니더라도 3개월 정도의 단기간 아일랜드 연수를 오는 친구들이 많아요."

"전환학년제를 경험하기 위해서?"

"그런 이유도 있겠지만 다양한 경험을 쌓는 것이 앞으로의 삶을 살아가는 데 도움이 될 것이라고 생각하기 때문이겠죠."

"유럽의 학생들이 부럽구나."

"많은 나라의 학생들이 아일랜드의 전환학년제를 경험하고 있어요."

"스페인의 교과과정과 아일랜드의 교과과정은 어떻게 다르니?"

"아일랜드의 전환학년제 경우 교과과정이 유연하기 때문에 더 쉬운 것 같아요. 같은 학년과 비교해봤을 때 우리나라 교과과정이 부담이 더 커요."

"전환학년제를 체험해보니 어때?"

"좋아요. 일단 시험에 대한 부담이 없고, 다양한 경험을 쌓을 수도 있고요."

"얻는 것이 있으면 잃는 것도 있을 것 같은데?"

"네, 친한 친구들과 헤어져 지내야 하고, 부모님과도 떨어져 있으니 조금 외롭다는 점? 그렇다고 해도 크게 문제가 되진 않아요. 후훗!"

"다양한 경험 외에도 더 얻은 건 없니?"

"영어로 의사소통을 자유롭게 할 수 있는 능력을 얻었죠."

"그렇구나. 애니 양의 꿈은 뭘까?"

"아직은 모르겠어요. 찾고 있는 중이에요. 전 성공이란 다양한 사람들을 만나는 것이라고 생각해요."

마지막으로 나의 행복하냐는 질문에 애니 양은 어리둥절한 표정을 지으며 짧게 답했다.

"네, 아주 행복해요!"

전환학년제에 대한 아일랜드 학부모의 생각

행복은 멀리 있지 않다. 내 주변에 있다. 나는 만 하루가 넘게 쉬지를 못했지만 조금 더 욕심을 냈다. 내가 기획한 일이니까 완벽하게 마무리하고 싶은 생각에서였다. 애니 양과 인터뷰를 마치고 아일랜드 학부모들의 생각을 듣고 싶었다. 홈스테이를 하고 있는 크리스 제임슨(60세), 재클린 제임슨(60세) 부부를 인터뷰했다. 무턱대고 전환학년제에 대해서 어떻게 생각하느냐고 물었다.

"아이들이 게을러집니다. 공부를 안 해도 된다고 생각해요."

"사실 그런 측면도 전환학년제에서 노리는 목적 아닌가요?"

"부모의 마음은 아마도 한국에서도 마찬가지일 거라고 생각해요. 공부를 안 하고 놀기만 한다면 걱정이 앞서는 것은 사실이겠죠."

"물론 걱정이 되겠지요."

"우리가 공부했던 50~60년대에는 대학에 가기 위한 공부에만 전념해야 했어요."

"지나친 경쟁이 문제가 되지는 않았던가요?"

"네, 그래서 전환학년제가 시작됐지요. 전환학년제가 긍정적인 면도 많아요."

"긍정적인 면이라면?"

"자신이 원하는 공부를 찾을 수 있다는 점이죠. 아이들 스스로 미래에 자신이 일할 분야를 찾아나갈 수가 있어요."

"그렇다면 전환학년제의 문제는 무엇인가요?"

"전환학년제 이후가 문제이지요. 한동안 아이들이 집중을 못합니다. 1년간 놀았으니 그럴 만도 하죠."

"아, 그렇군요. 아이들이 적응할 기간이 필요하겠군요."

"전환학년제 기간 동안에는 공부에 대한 강요를 안 해요. 어떤 아이들은 정말 그 기간 동안 아무것도 얻지 못하고 시간만 보낸 아이들도 있어요."

아일랜드에도 명문대학이 존재한다. 트리니티 컬리지 더블린은 우리 나라로 치면 서울대학교와 유사하다. 아일랜드 부모들도 이런 명문대학 에 자녀들이 진학하길 원한다. 나를 안내해준 가이드는 아일랜드에서도 자녀의 합격을 기원하는 천일기도를 한다고 귀띔했다.

"대학 가기 전 2년은 정말 중요한 시기인데 전환학년제를 마친 아이들 이 그 기간 중 6개월 정도를 허비할 수도 있습니다. 그러니 조금은 안타 깝기도 하죠."

"전환학년제를 경험한 아이들의 학업 능력이 향상됐다는 연구결과도 있던데요?"

"네, 맞습니다. 하지만 전환학년제 이후 혼란을 겪는 건 사실이에요."

아일랜드에 전환학년제가 도입된 지 40여 년이 흘렀지만 이에 대한 찬반 논쟁은 여전히 논란이 되고 있다. 일부에서는 청소년들에게 긍정적인 영향을 미치고 학업을 향상시키는 효과가 있다고 주장하는 반면에, 학생들을 더 혼란스럽게 한다는 비관적인 시각도 여전하다. 내가 만난 부모들은 부정적인 입장을 보인 반면, 전환학년제를 경험한 학생들은 긍정적인 반응을 보였다.

전환학년제는 일종의 갭이어(Gap year)다. 우리나라로 치면 중학교와 고등학교 사이에 있는 1년의 과정이다. 정규 학제에는 포함되지 않는다. 이 제도는 누구나 할 수 있지만 다 경험하지는 않는다. 선택권이 주어진다. 여기서 중요한 점은 선택에 책임이 따른다는 것이다. 전환학년제에 아무 소득도 얻지 못할 수도 있는데, 이 모든 것이 선택에 따른 책임이 되는 것이다.

전환학년제, 자기가 하는 만큼 얻어가는 기간

아일랜드 더블린에서 만난 니브 맥휴(Niamh McHugh) 씨. 그는 인터내셔널 하우스 더블린 어학원의 하이스쿨 프로그램 매니저로 활동하고 있다. 1년에 45명 정도의 외국인 학생들을 아일랜드 학교와 연결하는 일을 하고 있다. 그는 '전환학년제는 자기가 한 만큼 얻어갈 수 있는 기간'이라고 강조했다.

"전환학년제와 관련해서 어떤 일을 하는지요?"

"외국인 유학생을 아일랜드 학교와 연결시켜 주는 일을 하고 있어요."

"일종의 유학 프로그램인가요?"

"네, 한국 학생들도 있었고, 여러 나라에서 아일랜드 교육을 경험하기 위해 학생들이 옵니다.

"주로 전환학년제를 경험하러 오는 학생들인가요?"

"아니에요. 일단 부모와 학생이 아일랜드에서 원하는 것에 따라 다릅니다. 학업적인 면에 초점을 맞춘다면 전환학년제를 건너 뛸 수도 있고 보다 활동적인 경험을 하고 싶다면 전환학년제 프로그램에 참여시키는 거죠."

"전환학년제를 통해 얻을 수 있는 점은 무엇일까요?"

"중요한 점은 자기가 한 만큼 가져갈 수 있다는 것입니다. 아무것도 하지 않았다면 아무런 경험도 할 수 없는 셈이죠."

"전환학년제가 도입된 지 40여 년이 됐는데 어떤 다양한 프로그램이 있나요?"

"대통령상이 주어지는 도전 성취 프로그램 등 여러 가지가 진행되고 있습니다. 전환학년제를 마치고 더 나은 성과들도 발견되고 있고요."

"더 나은 성과라면?"

"학생들이 시간을 즐길 줄 안다는 것입니다. 공부에 집중할 수 없다는 인식이 있는데 사실이 아닙니다. 학업 능력의 향상을 입증하는 연구들도 발표가 되고 있잖아요?"

"구체적으로 어떤 프로그램이 있는지 알고 싶네요."

"실제로 학생들이 은행(Bank)을 개설하기도 하고, 과학적 실험의 성과를 체득하는 프로그램 같은 것들도 있습니다. 마라톤을 배우기도 하고……. 설명할 수 없을 만큼 다양한 프로그램들이 있습니다."

전환학년제의 핵심 키워드를 찾아냈다. 바로 '내가 한 만큼 얻는다'는 점이다. 전환학년제는 부모와 자녀가 상의해서 참여를 선택할 수 있다. 정규 학제에 포함된 과정이 아니기 때문이다. 우리나라의 자유학기제와는 또 다른 점이다.

니브맥휴와의 대화

"전환학년제를 원한다고 다 할 수 있는 건 아닙니다. 교사와 부모, 학생이 원해야 할 수 있습니다."

"참여가 강제되지는 않는다는 것이군요."

"네, 그렇습니다. 또한 무조건 해서 좋은 것은 아니에요. 원하는 걸 얻을 수 있다고 판단했을 때 학생 스스로가 결정할 문제입니다."

"한국의 자유학기제와는 또 다른 점이네요."

"한국에서도 전환학년제가 도입된다고 들었습니다. 여러모로 평가했을 때 좋은 제도임에는 틀림없다고 생각합니다."

"우리나라 자유학기제가 빠른 시일 내에 성공적으로 정착하기 위한 아일랜드의 조언을 듣고 싶어 왔습니다."

"일단 전환학년제의 긍정적인 면을 만날 테지만 중요한 점이 있어요. 무언가를 얻으려면 시간을 기다려야 한다는 점입니다."

"기다려야 한다?"

"네, 효과가 바로 나타나지는 않습니다. 잠재돼 있는 거죠. 그래서 인내가 필요합니다. 장기적인 관점에서 꾸준한 마인드가 필요한 이유입니다."

'빨리빨리'에 익숙한 한국사회에서 자유학기제가 자리 잡기 위해서는 인내와 끈기라는 역설적인 가치가 필요하다. 자유학기제의 긍정적 경험들이 사회에 나타나려면 적어도 자유학기제를 경험한 학생들이 사회에 진출한 이후일 것이다.

자유학기제와 마찬가지로 전환학년제도 지역과 학교의 연계가 성공의 중요한 요소가 되고 있다.

"지역사회가 참여할 수 있는 부분은 특별한 활동이 될 수 있겠죠. 학교 자체적으로도 프로그램을 제공하고, 이에 더해 지역사회에서도 청소년 체험 프로그램을 만들고 있어요."

"예를 들면요?"

"아일랜드 학생들이 가장 가고 싶어 하는 트리니티 컬리지 더블린도 전환학년제 학생들이 참여할 수 있는 프로그램을 자체적으로 진행하고 있습니다."

"학교와 지역사회가 유기적으로 연결돼 있고 협력이 잘 되고 있군요."

"그 점이 전환학년제의 성공비결이라고 할 수 있어요. 또 학교마다 자체 프로그램이 다 다릅니다. 그래서 학교 간 네트워크도 중요해요. 커리큘럼을 공유하는 것이죠."

"매년 다른 프로그램이 제공되나요?"

"네, 그 점이 아주 중요합니다. 매년 다르고, 또 학교마다 다르죠. 그렇게 해도 학생들의 다양한 욕구를 만족시키지 못하고 있는 실정입니다."

"학생들의 다양한 욕구를 만족시키기 위한 노하우가 있을까요?"

"학생이 스스로 하게 해야 합니다."

"학생이 스스로 한다?"

"예를 들어서 스페인에서 온 학생이 있었어요. 처음에는 영어를 못했죠. 그래서 또래 친구들과도 쉽게 친해지지를 못했어요."

"그래서 어떤 해결 방법을 찾았나요?"

학생들이 기타를 배우고 있다. 교사 한 명이 두 명의 학생을 대상으로 친절하게 가르쳐주고 있다.

"그 학생이 초등학생을 대상으로 한 스페인어를 가르치는 강좌를 열수 있도록 했습니다."

"아, 그러면 자연스럽게 친밀감도 쌓을 수 있고, 영어 능력도 키울 수 있겠네요."

"더 확장할 수가 있습니다. 전환학년제는 생각의 전환이 중요해요. 학생들을 배움의 객체로만 봐 왔던 편견을 버리는 것이죠. 컴퓨터 능력이 훌륭한 학생들을 모아서 지역의 노인들을 대상으로 컴퓨터 활용능력 강좌를 개설하는 겁니다."

"배우는 기간이 아니라 가르치는 학생이 된다. 정말 놀라운 발상의 전환이네요!"

"전환학년제라 가능합니다. 자유학기제의 사정은 정확하게는 모르겠지만 적용은 가능할 것이라고 생각합니다.”

자유학기제가 성공하려면 그동안 갖고 있었던 편견을 모두 버려야 한
다. ‘중학생이 뭘 가르쳐’라는 생각부터 버리자. 스마트폰의 경우 어린 중
학생이 어른들보다 더 많은 활용법을 알고 있다. 이런 경험을 나눌 수 있
도록 장을 마련해준다면 아이들은 능동적으로 변화할 수 있을 것이다. 무
엇을 가르쳐야 하는지부터 커리큘럼을 짜는 방법, 모집은 어떻게 할 것인
지 등의 논의도 아이들 스스로 하게 한다면 훌륭한 자유학기제 프로그램
이 완성될 것이다. 자유학기제는 규정을 느슨하게 풀어 놨기 때문에 다양
한 가능성을 현실화할 수 있는 능력을 발휘할 수 있게 된다.

“초등학생들에게 스페인어를 가르치면서 자신의 적성을 찾았다고 말
합니다. 한국의 자유학기제는 이런 경험을 쌓을 수 있는 기간이 돼야 합
니다.”

CHAPTER 02

서튼 파크 스쿨
(Sutton Park School)

중국을 직접 느끼게 하다.

아일랜드 더블린에서 30분 정도 차를 타고 서튼 파크 스쿨에 도착했다. 1957년에 설립된 아일랜드 최초의 다양한 종파의 사립학교다. 대략 430여 명의 학생이 공부하고 있다. 이중 30% 정도가 외국인 학생들이라고 했다. 남녀공학으로 초·중·고등 교육을 받을 수 있다. 서튼 파크 스쿨의 미카엘 모레타(Michael J. Moretta) 교장은 먼저 학교로 안내했다.

가장 먼저 찾은 곳은 사진 수업을 하는 곳이었다. 전환학년제의 학생들이 학년을 마무리할 사진으로 포트폴리오를 만드는 데 한창이었다. 최고의 역량을 보여준 학생에게는 상이 수여된다고 한다. 학생들은 4~5명에 불과했지만 열정은 무척 대단했다.

서튼 파크 스쿨 전경

　다음으로 테크니컬그래픽 작업을 하고 있는 학생들을 만났다. 일명 산업디자인이다. 컴퓨터를 활용해 물병을 만들고 있었다. 학교는 별도의 여러 건물로 나뉘어 있고, 각각의 교실마다 실습과 이론을 병행할 수 있는 시설이 갖춰져 있었다. 과학수업도 실험실과 수업 공간이 별도로 마련돼 있는데 유기적으로 연결이 돼 있었다. 학교 건물들이 천편일률적인 우리나라와는 다르게 모두 특색 있게 학생 중심으로 꾸며져 있었다.

　예술 수업이 한창인 학생들도 만났다. 수업에 대해 좀 더 자세히 알고 싶다고 했더니 담당교사는 이론 수업 중이었지만 학생들에게 양해를 구하고 설명을 해주었다. 세라믹 도자기를 만드는 중이라고 했다. 예술품을 직접 만들 수 있는 체험장과 함께 여러 작품들이 교실 한 가득 채워져 있었다.

전환학년제의 사진 수업으로 교사와 학생들이 지난 1년간 촬영한 사진을 포트폴리오 형식으로 정리하고 있다.

전환학년제 예술수업에서 이론수업이 진행되고 있다.

"어떤 수업인가요?"

"예술 수업입니다."

"지금은 이론수업 중인가요?"

"이론과 실습을 병행해서 수업을 합니다."

"예술품이 가득해서 교실이라고 느껴지지가 않아요."

"네, 이 한 공간이 모두 학생들의 예술품으로 구성돼 있습니다. 이쪽은 세라믹 도자기를 굽는 시설도 갖춰져 있습니다."

"학생들이 직접 자신의 작품을 완성할 수 있겠군요."

"네, 예술은 교육의 기본입니다. 밑바탕에서부터 학생들이 직접 느끼길 바라는 것이지요."

"예술 수업 말고도 다른 수업을 소개해주실수 있는지요?"

"우리는 예술 과학 등 8개의 선택 과목이 있습니다. 그중 6개 이상을 통과해야 다음 학년으로 넘어갈 수 있습니다."

서튼 파크 스쿨은 전통과 현대가 공존한다. 오랜 역사의 건물과 함께 최신식 시설이 잘 갖춰져 있다. 이 학교에서 전환학년제 기간 동안 가장 중점적으로 추진하는 프로그램이 하나 있다. 그것은 바로 중국과의 교류 프로그램이다. 학교 로비에는 중국과의 교류를 기록으로 남긴 사진들도 전시돼 있었다. 다른 나라를 잘 안다는 것은 무슨 의미일까?

이 학교는 학생들이 스스로 알아가게 하기 위해 많은 고심을 한다고 했다. 먼저 실시한 것은 학생들이 직접 중국의 랜드마크가 되는 건물을

학생들이 문학 수업에서
자신의 의견을 교사와 자유롭게 나누고 있다.

찾아 만들게 하는 것이다. 중국 방문기간은 짧지만 아일랜드에서의 준비기간은 1년이 전부 소요되는 대규모 프로젝트라고 한다. 중국 문화와 언어를 배우고, 직접 건물을 만들어보는 경험을 통해 중국과 교류하게 하는 것이다.

학생들은 자신이 만든 건물과 중국에 가서 직접 보고 느낀 건물의 차이점을 기록으로 남겨 공유한다. 그리고 이를 전시회를 통해 학교 구성원 혹은 외부에 공개한다. 이는 우리에게도 시사점을 주는 부분이다.

자유학기제 기간 동안 학생들이 체험할 장소에 대해 미리 공부하고, 건물이나 혹은 직접 확인할 수 있는 음식 등을 만들어 보고 난 뒤, 현장에서 체험하게 하는 것이다.

우리도 수학여행에 이러한 모델을 적용하면 좋은 프로그램이 될 수 있을 것 같다. 이제는 수학여행도 단체로 견학만 하는 수준은 탈피해야 할 때다. 소규모로 뜻이 맞는 아이들끼리 여행을 다녀오는 프로그램으로 진행한다면, 지금보다 훨씬 큰 교육적 효과를 얻을 수 있는 여행이 될 것이라고 확신한다.

미카엘 교장은 학교 견학을 마치고 전환학년제의 스케줄을 보여주었다.

중국과의 교류를 사진으로 찍어 학교 로비에 그 과정을 전시하고 있다. 서튼 파크 스쿨은 전환학년제 기간 동안 중국과 교류를 하는데, 학생들에게 중국의 랜드마크 건물을 직접 만들게 하고, 중국에 갔을 때 그 차이점을 느끼게 한다.

　　3단계로 나뉘어 있다는 점이 핵심이다. 핵심교과, 선택, 강화 프로그램이었다. 우리의 자유학기제와 유사한 시스템이다. 나는 강화 프로그램에 주목을 했다. 자유학기제에서도 필수적으로 핵심 교과에 대한 수업은 진행한다. 또 다양한 선택 프로그램도 도입된다. 하지만 학생들에게 맞는 강화 프로그램을 위한 정비는 아직 미흡한 단계로 여겨진다. 강화는

서튼파크스쿨 학생들이 직접 꾸민 공간에서 미카엘 교장 선생님이 전환학년제를 설명하고 있다.

TY TIMETABLE 2013/2014

CORE					ROTATING OPTIONS (viii)			ENRICHMENT				
MA x 4	ENG x 4	IRISH x 4	FR x 4	PE x 2	A x 3	B x 4	C x 3	Full Year 1 (3)	1/3 Year 2 (2)	1/3 Year 3 (2)	Full Year (2) Science Project	Full Year (2)
					Chem	Art	Phys	MUN	Presentations Communic	First Aid	Science Pr	Music
					Geog	HEC	Hist	GCSE PE	Community Action	Mini Company	Science Pr	Art
		EFL	Int Module Library/Eng T		Business	Biology	Economics	Arch Proj	Photography	Performance Conditioning	Science Pr	ICT
						DCG	Spanish					
											Gaisce Wed pm club	

Additional courses:

Applied Maths - Wednesday afternoon after hockey season
Young Scientist - Wednesday afternoon
Careers Programme and Careers Assessments
SPHE Programme
Outdoor Pursuits - 1 week Burren Outdoor Education Centre
2 weeks of work experience
Possibility of Language Exchange

Key Dates

Parent Information Evening - Tuesday 10 September 2013
Outdoor Pursuits - 16th to 20th September (Friday free)
Possible Trip - 10th - 14th February 2014
Work Experience - 31st March - 11th April

서튼파크스쿨의 전환학년제 시간표

말 그대로 자신의 재능을 활용해 능력을 발휘할 수 있도록 심화하고, 구체화하는 프로그램을 담고 있다.

예를 들어 강화 프로그램에는 아일랜드의 도전성취 프로그램을 벤치마킹할 필요가 있다. 아일랜드의 〈가시카(http://gaisce.org/)〉나 〈영소셜이노베이터스(http://www.youngsocialinnovators.ie/)〉 등등.

학생들의 주체성을 높여야 한다.

가시카(Gaisce)는 대통령상이 주어지는 도전성취 프로그램이다. 가시카는 한국어로 번역하면 '위대한 성취'라는 뜻이다. 이 프로그램은 학생들이 일정한 기준에 맞춰 스스로가 정한 스케줄에 따라 가시카 프로그램이 요구하는 기준에 충족하면 메달을 획득할 수가 있다. 그 기준은 상대성을 지닌 기준이 아니라 절대적 기준이다. 1년 안에 정해진 이수 시간에 맞춰 기준만 충족하면 되는 것이다. 만약 개인적인 기술을 익히기 위해 요리를 선택했다면 이를 배우기 위한 정해진 시간을 이수하고, 부모에게 확인을 받으면 조건을 충족할 수 있게 된다. 이런 기준은 나이에 따라 보다 많은 시간을 요구하게 된다.

전환학년제의 청소년들은 나이 기준에 따라 메달 획득에 도전할 수 있다. 도전성취 프로그램에 도전해 대통령상을 받을 수도 있다는 것이다. 15세 이상 25세 이하의 청소년이면 참여할 수 있으며, 자격 조건만 갖추면 누구나 대통령상을 받을 수 있다. 이 프로그램은 청소년들이 직접 정해진 기준에 따라 자발적으로 선택하고 성취하는 데 초점이 맞춰져 있다.

아일랜드의 청소년 도전성취 프로그램인 가시카(GAISCE) 홈페이지

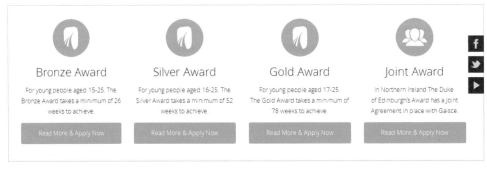

가시카에 참여한 학생들은 성취 기준에 따라 금 · 은 · 동메달을 받게 된다.

가시카에서 가장 중요한 것은 학년 말에 도전여행을 다녀와야 한다는 점이다. 험한 산행을 하면서 자기 자신과 만나게 하려는 데 그 목적이 있다. 이해하기 쉽게 우리나라의 극기훈련 같은 것이다. 물론 전문가가 함께 동행하므로 안전은 담보된다.

가시카에는 리더들의 자발적 참여도 유도한다. 일명 'PAL(President's Award Leader)'이다. 현직 교사는 물론 퇴직 교사도 될 수 있고 아빠, 엄마 혹은 지역의 전문가들도 PAL로 참여할 수 있다. 자발적으로 참여해 PAL이 된다. 리더 그룹들은 아일랜드 청소년들의 도전과 성취를 돕기 위한 조언가가 된다. 아일랜드의 청소년 교육이 지역사회와 잘 어우러져 있다는 점은 바로 이런 시스템이 갖춰졌기 때문인 것으로 보인다.

대통령상에 주어지는 가시카(위대한 성취)의 4가지 분야와 요구 조건	
지역참여 : 보조 도우미로 지역 청소년 단체와 함께하는 봉사활동 총 13주	체육활동 : 태권도를 배울 수 있는 무술 클럽에 가입 총 26주
개인기술 : 컴퓨터활용능력 또는 웹사이트 디자인 총 13주	모험 여행 : 아일랜드 서해안에 위치한 애칠섬 도보여행을 계획·준비하고 완료하기 총 1박 2일

가시카 프로그램과 더불어 주목할 만한 프로그램은 〈영소셜이노베이터스(YSI)〉다. 영소셜이노베이터스는 개인이 아닌 팀별로 활동해야 하며, 사회적인 문제해결을 위해 행동 중심적인 프로그램이다. 예를 들어 기아나 빈곤퇴치를 위한 일을 기획한다고 결정하면, 캠페인이나 모금활동까

지 연계하는 실질적인 사회 변화 프로그램이다. 학생들을 사회의 객체가 아닌 사회를 변화시킬 수 있는 주체로 바라보는 프로그램이다.

의원내각제 정치형태를 띤 아일랜드에서 행정 수반인 총리가 매년 이 행사에 참여하고 있다. 영국의 보다폰(Vodafone) 최고경영자가 발표회에 참여할 정도로 사회적 관심도가 매우 높은 프로그램이다. 영국의 보다폰은 YSI의 메인 스폰서이다. 아일랜드는 영국에서 독립했다. 우리나라와 일본과의 사이라고 보면 무리가 없다. 하지만 미래의 청소년에 대한 투자는 아끼지 않는다.

이외에도 전 국가적인 청소년 프로그램들이 많이 있다. 물론 전환학년제의 청소년에 대한 프로그램만은 아니다. 앞서 설명한 두 프로그램도 아일랜드 모든 청소년이 참여할 수 있는 것이다. 이 두 프로그램을 강조한 이유는 우리도 도입할 여지가 크기 때문이다.

또 한 가지 이유는 자유학기제가 추진되는 데 있어서 놓쳐서는 안 될 부분이 있기 때문이다. 우리는 자유를 성취할 수 있도록 해야 할 자유학기제에 학생들의 선택권은 별로 없어 보인다. 이는 진정한 자유를 선물할 수 없다는 의미와도 같다. 가시카나 영소셜이노베이터스 프로그램은 학생이 참여를 선택할 수 있다. 무조건 학교에서 프로그램을 만들어 놓고 학생들에게 참여를 강요한다면 기존의 학기와 다를 게 없다. 단 하나라도 학생들이 주체적으로 참여할 수 있는 프로그램이 있어야 한다. 중학생이라고, 아직 어리다고 무시해선 안 된다. 자발성은 자신이 선택한 길이어야 강하게 발산될 수 있다.

Bronze Award

- You can apply for the Bronze Gaisce Award once you're between the ages of 15-25.
- The Bronze Gaisce Award programme consists of 4 challenge areas:
    1. Community Involvement
    2. Personal Skill
    3. Physical Recreation
    4. Adventure Journey
- With exception to the Adventure Journey, each challenge area requires a minimum participation of 1 hour per week for 13 weeks
- An additional 13 weeks must completed in a challenge area of your choice. This could be an activity you really enjoyed or an activity in which you feel you could improve on.
- The Bronze Adventure Journey takes place over a minimum of 2 days and 1 night
- It will take at least 26 weeks to complete your Bronze Award, however everyone is free to complete the award at their own pace.

전환학년제에 돌입한 만 15세 학생들이 참여할 수 있는 동메달의 획득 조건이다. 지역과 개인적 기술, 신체활동, 모험여행의 네 가지를 실행해야 하고, 은, 금메달로 올라가면 더 높은 기준의 성취를 달성해야 한다.

GAISCE - THE PRESIDENT'S AWARD

President's Award Leader Handbook

"Our Mission is to contribute to the development of all young people by providing them with the chance to dream big and achieve their potential through goal setting and the achievement of

가시카 프로그램의 리더 역할을 맡는 〈PAL〉의 핸드북 첫 페이지

영소셜이노베이터스의 홈페이지. 청소년도 사회를 변화시킬 수 있다고 믿는 아일랜드에서 진행되는
자기 주도적 프로그램이 바로 영소셜이노베이터스다.

　　사회를 변화시킬 주체성이 무엇인지에 대한 답을 준 대학생들을 기사
로 소개한 적이 있다.

　　이들은 강원대 중앙동아리 〈인액터스(Enactus KNU)〉 학생들로 시각장
애인들이 어떤 직업에 종사하고 있는지에 대한 문제의식으로부터 하나의
프로젝트를 시작했다. 동아리 학생들이 시각장애인들의 직업 선택의 폭
을 넓혀주고자 시작한 것이다. 시각장애인들은 본인의 의지와는 관계없
이 생계나 신체적 한계 때문에 안마사를 선택한다. 동아리 학생들은 이를
바꾸길 원했다. 시각장애인들이 지닌 재능을 살릴 수 있는 직업이 무엇일
까를 고민했고, 결국 생활향기치료사라는 직업을 발견했다. 시각장애 교
육 특수학교인 강원명진학교 취업반 세 명의 학생들을 대상으로 대한향

기협회의 생활향기치료사 자격증 취득을 추진하기로 했다. 하지만 문제는 비용이었다. 그래서 학생들은 이 자금을 지원받으려 포털사이트 다음(DAUM)의 클라우드 펀딩 서비스 '희망해'를 통해 500명에게 응원 서명을 받아 지원금을 이끌어내기 위한 캠페인을 벌였다. 500명의 서명을 받으면 한국사회복지관협회의 서면심사를 거쳐 자금을 지원받을 수 있기 때문이었다.

바로 이것이다! 이러한 행동이 자유학기제 학생들에게서 나온다면 어떨까 하는 생각이 들었다. 학생들 스스로 사회적 문제에 귀를 기울이고, 문제해결을 위한 노력에서 자금 모금까지 완벽하게 마무리하는 것.

이런 결과물을 들고 학년 말에 보고회를 여는 것이다. 전국에서 모인 성취들은 기록으로 남고 사회를 변화시킬 수 있는 밑거름이 된다. 영소셜이노베이터스는 강원대 학생들처럼 이런 사회적 변화를 이끌어낼 수 있도록 기회를 준다. 우리도 못할 이유가 없다. 학생들에게 기회를 줘야 한다. 나는 충분히 가능할 수 있다고 믿는다. 학생들은 우리가 생각하는 것보다 어리지 않다.

아일랜드 지도 곳곳에서 다양한 프로젝트가 실행되고 있다는 것을 나타내준다.

CHAPTER 03

말라하이드 커뮤니티 스쿨
MALAHIDE COMMUNITY SCHOOL

지역사회와 쉽게 소통하는 방법, '자랑하기'

부모들은 대개 학교에 다니는 자녀가 있어야 교육이나 학교 행사에 관심을 갖는다. 이는 아일랜드도 마찬가지다. 교육에 대한 지역사회의 관심은 늘 부족하다. 이를 채우기 위해서 말라하이드 커뮤니티 스쿨에서는 대형 프로젝트로 뮤지컬을 마련해 학년 말 발표회를 선보이고 있다. 그 자리에 지역사람들을 초청하는 것이다.

"뮤지컬 공연은 어떻게 진행되나요?"

"매년 하는 가장 큰 프로덕션입니다. 전환학년의 가장 큰 행사인 셈이죠."

"몇 명의 학생들이 참여하나요?"

"전환학년제 기간 중인 학생들은 모두 200여 명 정도 되는데, 그중 80

말라하이드 커뮤니티 스쿨 전경

여 명이 자발적으로 뮤지컬 제작에 참여합니다."

"80명 정도가 참여할 정도면 대단한 프로젝트인데요?"

"네, 참여한 학생 자기들끼리 작품을 만듭니다. 뮤지컬에서 노래에 능력을 보여주는 학생들도 있어요. 이런 행사를 통해 잠재적인 끼를 발견하는 것이죠."

"작품은 주로 어떤 것을 올리나요?"

"매년 다르지만 이번 작품은 '레미제라블'이었습니다."

"사진을 보니까 의상부터 조명까지 대단해 보이네요."

"전문가의 도움을 받아 1년간 진행되는 프로그램입니다. 아일랜드의 다른 학교에서도 이와 유사한 대형 프로젝트들을 많이 진행하고 있어요."

전환학년제에 참여하고 있는 학생 중 자발적으로 뮤지컬 제작에 참여

말라하이드 커뮤니티 스쿨은 전환학년제의 대형 프로젝트로 학생들이 직접 뮤지컬을 제작해 발표한다. 전환학년제 200여 명의 학생 중 80여 명이 자발적으로 뮤지컬 제작에 참여했다.

하겠다고 신청서를 낸 80여 명은 1년간 스케줄에 맞춰 뮤지컬 프로젝트
에 참여한다. 전환학년제에서는 직업체험을 4주간 의무적으로 해야 하는
데, 뮤지컬 제작에 참여하는 학생들은 2주간으로 줄어든다. 직업체험은
학생 스스로 해결해야 할 문제라서 부담이 되는데 이 부담을 줄여 뮤지컬
제작에 열정을 쏟으라는 의미이다.

"직업체험이 2주로 줄어든다는 것은?"

"아무래도 뮤지컬 제작에 더 헌신하라는 의미입니다."

"직업체험은 전환학년제에서 중요한 요소잖아요."

"네, 하지만 뮤지컬 제작의 경험이 향후 진로에 더 많은 도움을 줄 수
있는 점도 있기 때문이죠."

아일랜드에서의 직업체험이 궁금해졌다. 학생들은
1년간 의무적으로 2주씩 두 번에 걸쳐 총 4주간 외부
직업체험을 해야 한다. 말라하이드 커뮤니티 스쿨에
재학 중인 엘레인 브레낸(Elaine Brennan) 양은 뮤지컬에
서 탁월한 노래 실력을 인정받았다.

엘레인 브레낸 양

"전 뮤지컬에 참여해 2주간만 직업체험을 했어요.
직업체험으로는 아일리쉬 인디펜던트라는 신문사에서
사진기자와 외부활동도 다니고, 매거진을 만드는 일을 돕기도 했어요."

"실질적인 체험이었구나. 또 어떤 경험 했니?"

"다른 한 주에는 아이들을 돌보는 일을 했습니다. 4~5세 아이들을 돌
봤어요."

"직업체험을 하면서 느낀 점이 있었다면?"

"실제 체험을 할 수 있다는 점에서 만족스러웠고요. 제 진로를 결정하는 데도 큰 영향을 줬습니다. 아이들을 돌보는 것은 정말 미친 짓이라는 것을 깨닫게 됐죠. 푸하하!"

또 다른 체험을 해본 클리오나 누난(Cliona Noonan) 양과도 이야기를 나누어 보았다. 그녀는 뮤지컬 제작에 참여하지 않았기 때문에 4주간 의무적으로 직업체험에 참여했다고 한다.

클리오나 누난 양

"날씨 기상 캐스터를 했어요. 아일랜드는 하루에도 수시로 날씨가 급변하기 때문에 정말 힘든 일이었죠."

"기상 캐스터는 어떻게 연결이 되어서 체험을 할 수 있었니?"

"아빠의 지인을 통해서 이력서를 냈어요. 대부분의 아이들은 부모님들이 연결해주셔서 체험을 하게 됩니다."

"또 다른 체험으로는 어떤 일을?"

"병원에서 신생아 발꿈치에서 피를 뽑는 일을 했어요. 그래픽 디자인 회사에서도 직업체험을 해보았고요."

"그랬구나. 어려운 점은 없었니?"

"전 별로 어렵지 않았어요. 대부분의 회사에서 체험을 가면 잘 대해줘요. 그리고 많은 도움도 줘요."

이것이 40여 년간의 아일랜드 직업체험 경험들이다. 긍정적인 경험을 한 선배들이 사회에 진출하고, 그 사람들이 후배들을 위한 전환학년제 프로그램을 자발적으로 생성해내고 있다. 우리나라도 이제 시작이다. 한국에서의 직업체험이 어렵다는 의견에 대해 진 마리 워드(Jean Marie Ward) 교감은 아일랜드도 그만큼의 시간과 노력을 기울였다고 답했다.

"아일랜드에서의 직업체험은 오랜 경험이 축적돼 있어요. 전환학년제를 경험했던 부모와 많은 사람이 직장에서 일하고 있기 때문에 지금은 원활히 진행되고 있는 것이죠."

"학생들의 직업체험 대부분이 주변 지인들을 통해 이뤄지고 있네요?"

"네, 그렇다고 볼 수 있습니다. 지인들과의 관계이니 비교적 쉽고 친절하게 이뤄지죠. 직업체험을 신청할 때 전환학년제라고 하면 대부분 다 받아줍니다."

전환학년제에서 아일랜드 학생들은 다양한 체험을 한다. 평소 만날 수 없는 동물을 만날 수도 있고, 디지털 예술 작품을 만들어내기도 한다. 스키을 배우고, 컴퓨터 능력도 키울 수 있다.

"지인을 통한 소개는 한계가 있지 않을까요?"

"물론 그럴 수 있죠. 하지만 아일랜드에서는 전문적으로 직업체험을 할 수 있도록 지원하는 프로그램이 갖춰져 있습니다. 대학에서도 이뤄지고 있고요. 트리니티 대학에서도 그런 프로그램이 있습니다."

학생들의 욕구는 무한대, 다양한 프로그램은 필수

전환학년제의 핵심적인 목표는 학생들의 잠재력을 이끌어내는 데 있다고 진 마리 워드 교감은 강조했다. 중등과정 3년과 고등과정 2년 사이

전환학년제는 학생들에게 특별한 기회가 주어지기도 한다. 학교에 방문한 대통령을 만날 기회가 바로 그것이다.

에 있는 전환학년제는 1년간 선택적으로 실시된다. 자기 적성을 스스로 개발하는 과정이다. 선택사항이지만 아일랜드 청소년들은 98% 이상이 전환학년제에 참여하고 있다. 진 마리 워드 교감 선생님도 1980년대 비행기 조종사를 체험을 했다고 한다. 싸이(Psy)의 강남스타일에 웃음 지었던 클리오나 누난 양과도 이야기를 이어갔다.

"전환학년제에서는 학업만 하는 것이 아니라 친구들과 어울리면서 작업도 하고, 내가 할 수 있는 것들에 대해서 좀 더 집중할 수 있었던 것 같아요."

말라하이드 진 마리 워드 교감 선생님, 엘레인 브레낸, 클리오나 누난 양과 함께 전환학년제의 경험에 대해 이야기를 나누고 있다.

169

"클리오나 양은 어떤 일에 집중할 수 있었지?"

"예술 작업인데요. 학업보다는 전체적인 측면에서 나 자신을 만날 수 있었고, 나를 찾을 수 있었던 시간이 되어 주었죠."

아일랜드에서 전환학년제에 대한 전반적인 인식은 지역에서 성공적이었기 때문에 긍정적이다. 대부분의 학생이 전환학년제를 경험하고 있고 좋은 프로그램도 많다. 하지만 공부를 많이 안 할 수도 있고, 전환학년제 1년 과정 이후 학업에 복귀하는 데 시간이 걸린다는 점은 앞서 언급한 아일랜드 부모의 시각과도 같은 부정적인 면들도 있다.

엘레인 양도 이에 대해 자신이 한 만큼 얻어간다는 것은 명확하다고 말했다. 전환학년제의 철학이 이후에 미치는 영향에 대해서는 엘레인과 클리오나 양은 혼란스럽다는 입장을 보이기도 했다.

"대학에 들어가기 위한 파이널 시험을 공부해야 하는데 이는 무척 집중된 수업을 해야 해요. 규정해 놓은 점수 이상을 패스해야만 다음 단계에 돌입할 수 있거든요."

"그렇구나. 공부 스트레스가 좀 심할 것 같은데?"

"사실 스트레스는 있지만 내가 뭘 해야 하는지를 알게 됐고, 선생님도 이 부분에 있어 충분히 설명을 해주시기 때문에 저의 경우에는 문제가 되진 않았어요."

진 마리 워드 교감 선생님은 덧붙여 강조했다.

"학생들의 잠재력을 찾게 하기 위한 목적이 있습니다. 단순히 대학을 가는 게 아니라, 대학에 가서도 할 수 있는 일을 찾게 한다는 점에서 전환학년제는 매우 긍정적입니다."

"한국 사회가 방향성이 없다는 점이 큰 문제이기
도 한데, 좋은 시사점이 될 수 있겠네요."

"아이들은 전반적으로 자기들이 원하는 분야가 있
어요. 그걸 찾게 하려는 것이 아일랜드 교육의 핵심
입니다. 전환학년제는 이를 이루기 위한 가장 중요한
단계라고 할 수 있지요."

진 마리 워드 교감 선생님

"아일랜드 내에서도 전환학년제에 대한 찬반 논란
은 여전한 것으로 알고 있습니다."

"학업이 안 좋은 학생들은 전환학년제 활동을 통해 자신감을 얻고, 자
기가 무엇을 잘할 수 있는지를 찾게 됩니다. 자신이 잘하는 일을 찾았기
때문에 또 그 일에 집중도 할 수 있게 되는 것이죠."

아일랜드의 교사들과 학생들이 학교에서 행복한지도 물어보았다. 그
는 아이들을 가르치는 것 자체가 행복하다고 말했다. 엘레인 양도 선생님
과 유대감이 깊어지고 친구처럼 변해가는 모습을 보면서 행복감을 느꼈
다고 했다. 이는 많은 학생에게서 이미 들었던 답변이다.

교사와 학생들 간의 관계가 회복된다는 점도 전환학년제의 긍정적인
효과 중 하나라고 한다. 아일랜드도 전환학년제 기간 동안 다양한 활동과
여행을 통해서 학생과 교사 간 거리를 없애려는 노력을 하고 있다.

학생시절 가장 중요한 것은 무엇일까라는 질문에 엘레인 양은 이런
말을 했다.

"시험성적이 자신의 미래를 이끌지는 않는다는 점입니다."

전환학년제를 벤치마킹한 자유학기제가 조기에 성공적인 정착을 하기 위한 조언도 부탁했다. 그녀는 학생 입장에서 다양한 선택과목이 필요하다고 했다. 교감 선생님은 시도하는 것 자체가 중요하다고 강조했다.

"처음에는 교사들이 해야 할 일들이 너무나 많을 것입니다."

"교사들의 부담을 줄여주려는 노력이 필요하겠네요?"

"그런 부담을 줄여 주려고 시도조차 하지 않는다면 안 되겠죠. 여러 프로그램을 시도해보면서 좋은 프로그램을 만들어 나가야 합니다. 오랜 시간이 걸리는 일이죠."

"인내심도 필요하겠군요."

"학생들이 주체적인 참여를 하면서부터는 많은 결과를 얻어 낼 수 있습니다. 내년에는 어떤 것을 할 것인지에 대해 미리 알리고, 다시 학생들의 피드백을 받는 것이 중요합니다. 더 나아가 학생 스스로 계획을 세울 수 있도록 하면 더욱 좋을 것입니다."

"그 이외에는 어떤 것들이 있습니까?"

"시간이 필요합니다. 점차 긍정적인 모습들이 보일 겁니다."

CHAPTER 04

트리니티
컬리지 더블린 대학

경쟁이 치열한 사회에서의 청소년 교육

아일랜드 사회에서 인기가 높은 대학인 트리니티 컬리지 더블린(TCD. Trinity College Dublin) 대학에서 한국인 교수를 만났다. 유일한 한국인으로 화학과에 재직 중인 목헌 교수다. 그는 2007년 영국에서 아일랜드로 건너왔다고 한다.

목헌 교수님도 전환학년제 경험을 한 자녀가 있어서 이 제도에 대해서 잘 알고 있었다. 전환학년제는 학년이 시작되는 9월부터 시작된다. 부모를 상대로 한 철저한 오리엔테이션이 실시되면서 자녀가 어떤 프로그램에 참여하게 되는지 알게 하는 것이 전환학년제의 시작이라고 했다.

"전환학년제 기간에 학생들이 더욱 성숙해지고 성장하는 것 같습니다. 그것은 확실한 것 같습니다."

트리니티 컬리지 더블린 대학 전경

"공부를 전혀 안 하는 것은 아니지요?"

"저도 처음에는 잘못된 시각을 갖고 있었어요. 전혀 공부를 안 하는 줄 알았어요. 하지만 국어, 수학, 과학 같은 중요한 수업은 공부를 합니다."

"그럼 어떤 차이가 있는 건가요?"

"아예 하루를 노는 날로 정하기도 하고, 밤을 새워가면서 경험을 쌓기도 하더군요."

"우리나라의 자유학기제는 중학생들이 참여하게 돼 다소 어린 나이에 체험한다는 것이 걱정스럽기도 합니다."

"네, 좀 어린 나이이긴 하군요. 제 연구실에서도 전환학년제 프로그램을 운영하고 있는데 한 1년만이라도 고등학교에서 화학이나 물리를 배우고 왔으면 하는 생각도 들었지요."

그렇지만 고2나 고3에 전환학년제나 자유학기제가 실시되면 입시에 부담이 된다. 이 시기에 전환학년제나 자유학기제가 도입될 수 없는 이유다. 아일랜드 사회에서도 입시의 부담이 크다. 아일랜드는 일류대학에 진학하기 위한 경쟁이 치열한 사회다. 유럽에서도 유일하게 입시학원이 존재할 정도다.

"학생들은 전환학년제 기간에 확실하게 자신들의 미래를 스스로 정하게 됩니다. 스스로 정할 수밖에 없게끔 해요."

"어떤 면에서 그렇죠?"

"자신이 원하는 여러 업체를 찾아가 단기체험을 하면서 많은 면을 보고 배웁니다. 그러한 경험들이 자신의 인생을 결정할 때 큰 도움이 되는 것이죠."

"물론 부정적인 경험도 있겠죠?"

"네, 네거티브 익스피리언스(Negative Experience). 흔히 공부를 안 하면 이렇게 된다는 식의 경험도 물론 하게 됩니다."

"다양한 경험이 필요한 시기이기도 합니다."

"전 아일랜드의 초·중·고등학교에서는 가장 꽃이 되는 해가 바로 전환학년제라고 생각합니다."

목헌 교수는 전환학년제를 전반적으로 좋은 제도라고 평가했다. 또 아무나 할 수 있는 것도 아니라고 강조했다.

전환학년제와 자신의 교육철학에 대해 설명하고 있는 트리니티 컬리지 더블린 화학과 목헌 교수

"어떤 학교는 공부를 못 하면 전환학년제를 갈 수 없게 하고 있습니다."

"선택사항이라고 들었습니다."

"제 동료 교수의 자녀도 전환학년제를 하지 않는다고 하더군요. 선택권이 있습니다."

"어떤 선택이죠?"

"일단 학교에서 전환학년제를 하겠다는 학생들이 일정 수 이상이 돼야 합니다. 만약에 조건을 충족하지 못하면 다른 학교에 가거나 전환학년제를 건너뛰어야 하는 것이죠. 또 너무 편협한 생각이지만 성공 위주의 몇몇 학부모는 전환학년제를 월반할 수도 있어요. 공부만 시켜서 대학을 1년 빨리 보낼 수도 있습니다."

전환학년제를 통해 학생들의 숨겨진 잠재력이나 창의력을 끌어낼 수 있을까라는 질문에 대해서는 크게 도움이 될 것을 믿는다고 했다.

"크게 도움이 된다고 믿습니다. 하지만 한국처럼 중학교 시기에 경험하면 너무 어리지 않나 하는 생각은 듭니다."

"어떤 면에서죠?"

"중학교 시절은 자아를 형성하고 고민하기엔 조금 이른 감이 있습니다."

"질풍노도의 시기라고도 하잖아요."

"사실 아일랜드의 전환학년제 학생들은 한국 나이로는 고1에 해당하는데, 이도 어리다고 생각하거든요."

아일랜드의 교육 목표는 청소년들의 잠재력을 끌어올리는 데 맞춰져 있다. 이런 점을 자유학기제에서 이뤄낼 수 있을까? 그는 과외를 금지시켜야 한다고 강조했다.

"자유학기제 기간 동안에도 과외가 성행한다면 잠재력은 절대 나올 수 없습니다."

"왜 그렇죠?"

"아이들에게 자기 자신을 만날 수 있는 시간을 갖게 해줘야 하기 때문입니다. 어떤 부모들은 전환학년제에 시간이 많다고 선행학습을 시키기도 하는데 이는 무척 잘못된 교육방법이죠."

나는 선행학습이 창의력 향상에 부정적이라는 생각에 동의한다. 창의력은 결코 선행될 수 없다. 자유학기제는 학생 스스로 자신의 꿈과 끼를 발견하고 미래의 진로를 찾게 하려는데 목적이 있다. 또한 자유학기제를 계기로 수업을 바꿔보자는 점도 중요하다. 잠을 자던 아이들을 깨우는 수업의 변화가 시도되고 있다. 이런 점이 고등학교로 이어지면 한국 교육의 정점인 수학능력시험도 바꿀 수 있다고 생각한다. 한국의 함태중학교가 서술형 평가를 도입하면서 자유학기제의 연계성을 고민하고 있다고 했더니 아일랜드는 이미 모든 시험이 주관식이라는 것이다.

"이미 아일랜드는 모든 시험이 주관식입니다. 그래서 그런지 아이들이 자신의 의사를 잘 밝혀요."

"서술형 평가는 자신의 생각을 써야 하기 때문에 더 그렇겠죠?"

"뜻을 피력하는 데는 맞습니다. 약간 우스갯소리인데요. 뻥이 늘어나요. 아일랜드 사람들은 말을 잘합니다. 하하하!"

아일랜드 4학년, 즉 전환학년제에 참여하는 만 15세 청소년들은 다양하게 배울 기회를 얻는다. 연극이나 뮤지컬을 1년 내내 준비하여 마지막에는 성대하게 공연을 한다. 말라하이드 커뮤니티 스쿨에서 진행하는 뮤지컬의 경우가 그렇다. 학생들은 뮤지컬로 봉사활동도 한다.

"사실 봉사활동이 제일 의미가 크다고 생각해요."

"그렇게 생각하시는 이유라도?"

"나보다 어려운 사람들이 있다는 것을 청소년들이 깨달아야 하기 때문입니다."

"동정심을 가질 수 있다는 의미인가요?"

"네, 또한 훌륭한 사람이 되어서 어려운 사람을 도와주려면 공부를 더 열심히 해야겠다는 경각심도 가질 수 있겠죠."

전환학년제 기간 동안 뜻 있게 보내지 못하고 어영부영 시간을 낭비하는 학생들도 있다. 이는 학교와 학부모의 책임이 크다. 학생들이 가진 잠재력을 개발하고 꿈을 찾을 수 있도록 주변에서 도와줘야 한다는 게 그의 지론이다.

"어떻게 도와야 하는 거죠?"

"전환학년제가 노는 시기라고 생각하면 오산입니다. 다른 학년보다 더 바빠야 해요. 수업은 물론 모든 스케줄을 잘 엮어서 알차게 보내야 합니다."

"학생들의 자발성이 중요하다고 생각하는데요."

"학생들은 아직 미숙한 단계입니다. 학교나 학부모가 많이 지도해야 합니다. 우리나라도 자유학기제가 잘 정착하면 좋을 것 같아요. 이를 통해 혁신이 이뤄나면 더욱 좋겠죠. 12년만 참으면 바꿀 수 있어요."

"12년? 우리나라의 초·중·고등 교육 기간을 말씀하시는 것이죠?

"네, 초등학교 6년간 다양한 체험과 진로활동을 하고 있고, 또한 평가도 바뀌었는데 이것이 중학교 3년, 더 나아가 고등학교 3년으로 이어진다면……. 우리의 교육도 자연스럽게 변화할 수 있다고 봅니다. 이제는 성적표에 수우미양가가 사라졌죠? 중학교도 바꾸기만 하면 되는데, 그걸 바꾸지 못하고 40여 년을 왔네요."

자유학기제는 박근혜 정부의 핵심교육 정책이다. 강원도는 진보교육감이지만 정치적 입장과 관계없이 정책의 취지에 공감하고 있다. 지루했던 수업을 학생들의 참여로 바꿔보자는 의도가 잘 어우러졌기 때문이다.

"특별활동이 많이 제공돼야 합니다. 아일랜드에서는 재정이 문제입니다."

"재정이요?"

"네, 좋은 고등학교나 부유한 고등학교 등 사립고는 여러 가지 프로그램을 만들 수 있어요. 하지만 공립학교는 무척 열악합니다."

"여기도 교육 격차가 존재하는군요."

"네, 또 구태의연할 수밖에 없는 일반 사무에, 복사 업무, 비서 업무를 시키고 이것을 직업체험이라고 하면 곤란하지요."

"자유학기제에서는 절대 있어서는 안 될 일이군요."

"그렇죠. 변호사 사무실에 가서 잠깐 허드렛일을 해주고 체험이라고 한다면 진정한 경험이 될 수 없겠죠."

"그런 경우가 많나요?"

"아일랜드는 아무래도 직업체험 경험이 많다 보니 실속은 있습니다.

아일랜드 고유어를 전문적으로 배우는 곳도 있고, 합숙훈련을 하는 데도 있습니다. 유명 TV 출연자들이 요리하는 프로그램을 만들기도 하지요."

"그런 프로그램은 대기자가 많겠네요?"

"인기가 높습니다. 가정 가사 과목이 될 수 있겠죠. 제대로 배울 수도 있습니다."

"유럽 남자들이 오히려 요리를 잘합니다. 남편이 요리하는 날은 특식을 먹는 날이에요. 그래서인지 요리를 전환학년제에서 확실히 배워둔다면 몸에도 좋고 건강한 식생활을 청소년 시기에 배울 수가 있게 되는 것이죠."

그에게 아일랜드와 영국의 차이도 물어보았다. 아일랜드가 유일하게 입시학원이 있을 정도로 경쟁이 치열한 사회라고 하는데, 그에 대한 의견도 물었다.

"아일랜드 사회는 보수적입니다. 워낙 가난하게 살았기 때문에 입신양명이나 가문을 긍정적으로 바꿀 수 있는 방법으로 먼저 교육을 생각합니다."

"교육열이 한국과 유사하군요?"

"농가 출신으로 대학에 처음 들어간 사람들이 상당히 많습니다. 하지만 한국과는 다르게 공부를 더 잘한다고, 공부를 더 많이 한다고 느낀 적은 없습니다."

아일랜드도 한국과 사정이 비슷했다. 입신양명이 유일한 성공이라고 보는 경향도 비슷하다. 천연자원이 풍부하지 못해서 사람이 유일한 자원이다. 경쟁이 심한 사회의 공통점이라 할 수 있겠다. 유사한 조건의 환경 속에서는 유사한 제도의 형태나 국민성이 나타나는 것 같다.

작은 성공을 꾸준히 내는 것이 중요하다.

목헌 교수는 작은 성공이라도 꾸준히 내는 것이 중요하다고 강조했다. 말투에서 그의 호탕한 성격이 그대로 느껴졌다. 학창시절 가장 중요한 것은 성공을 위한 성취에는 요령이 없다는 점을 학생 스스로가 깨달아야 한다고 강조했다.

"일반적인 것은 아니지만, 어학원 연수생을 보거나 아일랜드로 유학 오는 학생들을 보면 느끼는 점이 있습니다."

"어떤 점인가요?"

"그런 학생들은 자기 나라에서 고생도 많이 하고 대학을 고민하거나 진로 등에 있어서 고배를 마시고 온 사람들이라는 거죠."

"인생의 고배라?"

"그 친구들을 보면서 느낀 것은 성공의 맛을 본 적이 없기 때문에 모든 것이 성공 위주가 돼 버린다는 점입니다."

"약간 역설적이네요?"

"네 모순적인 말이죠. 뭔가 한 번이라도 열심히 해서 성취해서 얻은 경험이 없다는 것이죠."

"예를 들면요?"

"달리기를 한다고 하면 전국체전에서 지역 대표를 한 번이라도 해본 사람들은 대표 자격을 얻기 위해 얼마나 힘든 과정이 필요하다는 것을 알게 됩니다."

"피나는 노력이 필요하죠."

"어린 시절에 그런 경험을 하면 어른이 돼서도 일확천금은 한순간에 생기지 않는다는 것을 체감적으로, 체질적으로 알 수 있게 됩니다."

"우리 사회에는 그런 사람들이 별로 없다는 것이 안타까운 것이군요?"

"네, 이는 개인의 문제가 아닙니다. 사정이 안 됐기 때문이에요. 우리나라가 그런 사람들을 도와주지 않았기 때문이지요. 제도적으로 구조적으로 문제가 있기 때문입니다."

"유학생들에게도 그런 점이 느껴진다는 것인가요?"

"20대에 와서 성공하려고 하니까 요령만 피우게 되는 겁니다. 영어로 하면 퀵 패스(Quick pass)죠."

"어떤 모습이 보이는데요?"

"어떻게 하면 영어 점수를 빨리 얻느냐, 어차피 영어 점수를 잘 얻기 힘들다면 영어를 잘하는 것처럼 보이게 해 빨리 한국으로 돌아가느냐에 노력을 기울이게 됩니다."

"시사점이 있군요."

"뭐든지 하려고 할 때는 제대로 하라는 겁니다. 하기 싫으면 차라리 관두고요."

전환학년제나 자유학기제에서는 학생들에게 성취의 맛을 느끼게 하는 것이 가장 중요하다. 이는 무조건적인 격려와는 차이가 있다고 말한다.

"무조건적인 격려만 하면 나태해질 수도 있고, 얼마나 노력을 해서 얻어야 하는지에 대한 경험을 쌓지 못할 수도 있습니다."

"예를 들면요?"

"아일랜드도 제도적으로 문제가 많습니다. 절대로 독일이나 미국처럼 시스템이 잘 갖춰져 있다고 보기는 어려워요. 하지만 한국보다 나은 점을 찾아보는 것은 제 연구동을 보면 압니다."

"연구동?"

"너무 엉터리 건물입니다. 이사한 지 2년 정도 된 새 건물인데 화재경보기가 너무 민감해서 자주 울려요. 건물 내에 300~400여 명은 보름에 한 번꼴로 밖으로 나와야 합니다. 하지만 저나 중국인 대학원생은 그럼 안 나가요. 왜? 경보가 엉터리 정보라는 것을 잘 아니까요."

"그런데 아일랜드 사람들은 다르군요?"

"이곳 사람들은 욕을 하더라도 그냥 나갑니다. 이런 건 제대로 배운 겁니다."

"화재 경보가 울리면 밖으로 나가라고 배우잖아요. 당연한 일인데요?"

"저도 양심이 있어 아예 안 나가지는 않죠. 하지만 천천히 양복입고, 쓰던 이메일도 마저 쓰고 그래요. 할 일 다 마치고 나가는 척을 해요."

"하하하!"

"속을 땐 속더라도, 욕할 땐 욕하더라도 화재 경보가 울리면 모든 걸 버리고 나가야 한다는 것이죠. 단순한 예에 불과하지만 제대로 훈련을 받으면 배가 옆으로 기울면 선원들은 구명정을 먼저 펴야 합니다."

"아, 세월호 사고를 말씀하시는군요?"

"네, 자동적으로 나가는 겁니다. 우리나라는 이것밖에 안 기울었으니 가만히 있는 겁니다. 정말로 넘어갈까 의심하는 것이죠."

교육의 중요성이다. 안타까운 세월호 희생 학생들에게 미안한 마음이다. 절대로 다시는 일어나서는 안 된다. 나는 이런 교육의 참된 변화를 자유학기제에서 기대하고 있다. 제대로 배울 수 있는 기회를 주자. 자유학기제는 조금 느리지만 우리를 바꿀 확실한 도구가 될 것이다.

그가 재직하고 있는 트리니티 컬리지 더블린 화학과는 전환학년제 프로그램을 운영하고 있다. 지역과 교육이 잘 연계돼 있는 모습이다. 강제로 누가 하라고, 프로그램을 개설한 것도 아니다. 진로체험 학습은 전환학년제를 경험한 어느 여교수의 주창으로 몇 년 전에 만들어져 최근 자리를 잡았다고 한다. 이 프로그램은 20대 1의 경쟁률을 보일 만큼 아일랜드 사회에서도 상당한 인기를 끌고 있다고 한다.

성적표나 이력서를 검토해 학생들을 선발하며 12명씩 두 번에 나눠 프로그램을 진행한다. 선발은 경제적으로 어려운 지역의 학생을 우선 순위로 뽑으며, 가급적 전 지역 학생들로 고른 분포를 고려한다. 또 같은 학교는 한 명 이상 선발하지 않는다는 기준을 세웠다. 이런 기준은 교육부나 정부의 가이드라인이 아니다. 전환학년제 프로그램은 대학 차원에서도 홍보 효과를 톡톡히 누린다고 했다.

"한국도 대기업, 중소기업, 대학교, 병원 이런 곳에서 먼저 자유학기제 프로그램을 만들어 제공했으면 좋겠네요."

"어렵지 않습니다. 기획실 같은 부서에서 조금만 신경을 쓰면 가능한 일입니다. 물론 구성원들은 고역입니다. 저도 2주간 학생들과 실험을 하면서 불편했죠. 하지만 대학이나 기업 입장에서는 분명히 필요한 일입니다."

CHAPTER 05

더 킹스 허스피탈
The King's Hospital

전환학년제의 핵심 코디네이터 선생님을 만나다.

아일랜드에서 마지막으로 방문한 학교 더 킹스 허스피탈. 아일랜드 더블린 시내에서 대략 30분 정도 이동해 도착했다. 저절로 노랫말이 떠올랐다. '저 푸른 초원 위에 ♪ 그림 같은 집을 짓고 ♬' 학교에 도착한 시각은 오후 5시쯤. 기숙사가 있어서 하키 운동을 마친 학생들이 건물 안으로 하나 둘 들어서고 있었다. 전환학년제를 떠나 이런 아름다운 곳이라면 자연과 함께 생활하며 배울 수 있겠다 싶다. 그리고 보니 아일랜드는 온통 푸른 이미지가 강하다. 아일랜드를 상징하는 식물도 녹색의 세잎클로버다.

5월 중순이었지만 날씨는 서늘했다. 학교 안으로 들어서자 전환학년제에서 가장 중요한 역할을 맡고 있는 코디네이터(전환학년제를 총괄하는

TY 코디네이터 코막 선생님은 아일리쉬가 전공이지만 부전공은 미디어다. 교사가 할 수 있는 프로그램부터 해야 자유학기제도 성공할 수 있다고 귀띔했다.

교사다. 연공서열과 상관없이 열정을 가진 교사로 선발한다. 다른 교사들과의 협업이 가능해야 하며, 1년에 2일은 콘퍼런스에 참여해 그동안의 성과를 나눈다.)가 나를 맞았다. 코막(Cormac ua Bruadair) 선생님. 어림잡아도 키가 2m는 넘어 보이는 거인이다. 그는 전환학년제 기간 동안 학생들은 보다 자유로운 수업과 자신의 인생을 탐구할 수 있다고 말한다.

"전통적으로 교사는 한 과목만 가르칩니다. 그런데 전환학년제 기간 동안에는 교사의 여러 스킬들을 필요로 하죠."

"어떤 기술이죠?"

"사회에 부합하는 여러 기술을 학생들에게 전해주거나 연결을 해줄 수 있는 능력을 갖춰야 합니다. 그리고 교사들 간 협업에도 능해야 합니다."

"한국에서 전환학년제와 유사한 자유학기제를 시작합니다. 조언을 좀 부탁드립니다."

"교사들이 일반적으로 가르치는 과목 이외에 교사 본인이 가르칠 수 있는 과목을 설문형식으로 조사해서 그 교사가 할 수 있는 다른 일들도 찾아서 가르쳐야 합니다."

"교사의 다재다능한 능력을 활용하는 것이군요."

"네, 그래야 선생님도 즐겁고 학생들도 재미날 수 있어요."

"코막 선생님은 어떤 과목을 맡고 계신가요?"

"저는 국어, 즉 아일랜드어를 가르쳤지만, 미디어를 전공해서 함께 가르쳤습니다."

코디네이터인 코막 선생님은 전환학년제 기간에 학생들이 누가 시켜서 하는 것이 아니라 자기가 할 수 있는 것들을 제공하는 것이 중요하다고 했다. 또 아이들이 자신감을 갖고 자기가 할 수 있는 일을 찾아서 할 수 있도록 하는 환경 조성이 먼저라고 강조했다. 전환학년제에 있어 가장 중요한 직업체험에 대해서도 시스템적으로 운영돼야 한다고 조언했다.

"직업체험을 하기 전에 얼마나 힘든지 알려주고 멘토가 와서 자기의 인생관을 먼저 알려줄 수 있는 시간이 필요합니다."

"한국의 직업체험도 이와 유사하게 진행되고 있습니다."

"물론 학생들이 이해를 잘 할 수 있도록 실질적인 직업체험에 중점을 둬야 합니다."

아일랜드 학생들은 전환학년제가 시작되기 전에 포트폴리오 형식으로 시작과 종료의 스케줄을 안내받게 된다. 이를 통해 전환학년제의 전반에 대해 학생은 물론 부모, 교사도 자세히 알게 된다. 먼저 어떤 프로그램이 운영되는지 예측이 가능해진다는 것이다. 학생 스스로도 어느 정도 진도가 진행되고 있는지를 확인할 수 있다. 마지막에는 학생들에게 그동안의 성과를 보여준다. 또 과정 평가를 실시해 부족한 면이 있다면 바로 채울 수 있는 시스템이 마련돼 있다.

"학생 스스로 내가 현재 무엇을 하고 있다는 예측 가능성이 있어야 합니다. 학생들이 시작과 끝을 알고 중간에 어떤 프로그램을 선택할 수 있는지, 또 그 프로그램은 어떤 점을 준비해야 하는지에 대해 확실히 인식하고 있어야 합니다."

"시스템적으로 운영이 될 필요성이 있겠군요."

드라마 프로젝트에서 수상을 한 더 킹스 허스피탈 학생들. 완성된 드라마는 국가적인 경연대회를 통해 시상을 하고 성취를 격려한다.

"한국은 IT 쪽으로 훌륭한 기술을 보유하고 있다고 알고 있어요. 아일랜드는 이제 태블릿을 사용하는 단계이죠. 이러한 시스템이 IT와 결합한다면 좋은 시너지 효과를 낼 수 있을 것입니다."

"가장 중요한 것은 학생들을 위해서 항상 신선한 것을 제공해야 한다는 점입니다. 역사 같은 과목에서도 새롭고 즐거운 것을 제공해야 합니다."

아일랜드의 학교는 어느 정도 상업화 돼 있다. 사립학교인 더 킹스 허스피탈도 마케팅 담당자가 별도로 채용돼 있다. 발전과 커뮤니케이션(Development & Communication)을 담당하고 있는 폴 롤스톤(Paul Rolston) 씨도 학업적인 측면에 연연해 학생들을 지루하게 하지 말아야 한다고 강조했다.

"전환학년제는 지루한 수업에서 벗어나 수업이 흥미로워야 합니다. 실용적인 배움이 중요하죠."

"흥미롭게 하려면 어떤 것이 필요한가요?"

"흥미를 유발할 수 있는 코스가 필요합니다. 단기적인 행사에 그치는 것이 아니라 프로그램에도 흐름이 있어야 합니다."

전환학년제가 시작되고 난 뒤 학생들이 부진한 성취를 보이면 교사가 점검을 하게 된다. 더 킹스 허스피탈은 한 명의 교사가 학생 다섯 명을 맡는 구조다. 그리고 1년에 3~5번씩 의무적으로 상담을 한다. 적응을 하지 못하거나 수준(레벨)을 조정할 필요가 있다면 그 학생은 슈퍼바이저가 관리하게 된다. 기본적으로 40분 정도 인터뷰를 하고, 별도의 스케줄이 마련돼 있다.

"한 학생이 수학 과목을 못한다고 가정해 보죠. 수학 때문에 다른 과정을 내려야 하는 상황이 된다면 전환학년제를 통해 수학 과목을 집중적으로 흥미를 갖게 해서 전체적인 성적을 올릴 수 있도록 유도합니다.”

“전환학년제가 균형적인 성장을 돕는 도구가 되기도 하는군요?”

“네, 학업적인 측면을 놓쳐서는 절대 전환학년제가 성공할 수 없습니다.”

전환학년제는 평가도 자유롭다. 심지어 태도나 옷차림, 성격을 놓고도 성적을 매긴다. 그만큼 전환학년제를 총괄하는 코디네이터의 역할은 중요해 보였다. 코디네이터 자격조건이 별도로 있는지도 궁금했다.

“4일간 트레이닝 코스를 밟아서 새로운 코디네이터가 될 수 있습니다.”

“그 외 별도의 조건은 없나요?”

“무조건 교사여야 합니다. 1년에 이틀은 아일랜드의 모든 코디네이터가 콘퍼런스에 참여해 그동안의 성과를 나누게 됩니다.”

“의무적인 일인가요?”

“네, 또 교사는 학생들에게 수업을 가르치기 전에 먼저 배워야 합니다. 교사도 배움을 게을리

전환학년제는 흥미를 유발할 수 있는 코스가 필요하다.

해서는 전환학년제에 신선한 프로그램을 제공할 수 없기 때문이죠."

그는 전환학년제 코디네이터를 맡으면서 보수가 올랐다고 한다. 수업은 기존 22시간에서 16시간으로 줄었다. 당연히 수업과 코디네이터 역할을 모두 맡는다. 줄어든 수업 시간을 통해 코디네이터가 만들어야 하는 코스에 역량을 집중한다는 것이다. 이곳에서도 지역사회의 역할이 중요하다고 했다.

"아일랜드는 오랜 경험을 토대로 구조가 잘 짜여 있습니다. 단순히 한 사람만의 노력만으로는 성공할 수 없는 것을 알기 때문이죠. 업무 분담이 잘 돼 있습니다."

"지역사회와의 협조는 어떻게 이끌어내고 있나요?"

"봉사단체와 함께 봉사활동을 할 때는 단체로 가서 봉사활동을 돕습니다. 또 우리는 펀딩에 도움을 주는 방식으로 서로 도움을 주고받고 있지요. 다양한 방법들이 있습니다. 사정에 맞춰 진행하고 있습니다."

학생들의 다양한 욕구를 충족시킬 직업체험은 어떻게 마련하는지도 물었다. 학생이 스스로 찾거나 부모의 도움을 받는다고 한다. 그래도 직업체험을 찾지 못했을 경우에는 학교가 도움을 주는 방식이라는 것이다. 일단 학생들이 주체적으로 찾게 하는 게 우선이라고 했다.

유명한 사람을 참여시켜라.

아일랜드에서도 전환학년제에 대해 학부모에게 설명하는 '오픈 데이 (Open Day)' 즉 학교 방문의 날, 혹은 학부모 공개수업이 펼쳐진다. 이 행사

더 킹스 허스피탈의 전환학년제 프로그램들. 여러가지 활동이 진행되고 있음을 알 수 있다.

TY 코디네이터 코막 선생님이 전환학년제 오픈데이 행사에 대해 설명하고 있다. 아일랜드 학교는 부모가 전환학년제를 충분히 이해할 수 있도록 상세히 알리고 있다.

청소년 리더십 프로그램(TY Youth Leadership Program)을 마친 학생들이 수료증을 받고 기념촬영을 하고 있는 모습

에는 유명한 사람들이 강사로 초빙되어 강의를 한다.

내가 방문하기 한 주 전에 오픈데이가 열렸는데 실명의 아픔을 이겨내고 에베레스트 등반에 성공한 마크 폴락(Mark Pollock) 씨가 초빙되었다고 한다. 그는 자신의 장애를 극복하고 자기와의 싸움에서 승리한 인물이다. 그래서 아일랜드에서도 인기가 높은 인물이다. 그리고 2차 세계대전 생존자인 토미 레이첸탈(Tomi Rechental) 씨도 참여했다고 한다. 이러한 유명 인사들의 참여는 학생들에게 '내가 뭔가 중요한 행사에 참여하고 있구나.'라는 자부심을 심어줄 수 있다고 한다. 자유학기제 기간에 평소와는 다른 특별한 경험을 선물하는 것이다. 청소년들의 기발한 상상력과 아이디어로 유명 인사를 학교에 초대할 수도 있다.

좋은 예가 있다. 춘천 동산중학교는 전교생이 20여 명에 불과한 소규모 학교다. 이 작은 학교에 기획재정부 차관 출신으로 장관급인 국무조정실장을 역임한 김동연 아주대 총장이 방문했다. 김 총장과 함께 김홍국 하림그룹 회장, 박계신 다이아텍코리아 회장, 박기태 반크(VANK) 단장이 함께 학교에 방문해 '꿈키움 진로특강'의 강사로 나섰다.

이 소중한 만남은 동산중학교 지정연 선생님과 아이들의 편지로 시작됐다고 한다. 학생들에게 꿈과 희망을 전할 특강을 요청해 벌써 5번째 만남이 이어지고 있다. 김동연 총장은 '어렵고 힘든 환경 속에서도 야간고나 야간대를 다니며, 열정과 도전으로 자신의 길을 스스로 만들어가는 사람들이 모여 어려운 환경의 청년들에게 꿈과 희망, 그리고 열정을 함께

더 킹스 허스피탈의 전환학년제 오픈데이 행사에서 신체적 장애를 극복하고 엘레베스트 등반에 성공한 마크 폴락 씨의 강연이 열렸다. 유명 인사의 참여를 통해 학생들은 내가 대단한 일에 참여하고 있음을 느끼게 된다.

나누는 모임'인 '청야'의 회원이다. 그런 김 총장이 청야의 회원들을 이끌고 학교를 찾은 것이다.

동산중학교 학생들의 간절한 소망이 담긴 편지 한 장이 이런 만남을 가능하게 할 수 있었듯이 자유학기제에서 유명인사의 참여를 유도하는 방법은 무궁무진하다. 자유학기제를 경험하게 될 학생이나 교사들에게 강력히 추천하고 싶다. 대통령이 방문할 수 있는 아이디어를 현실로 만들어 보라고. 상상은 현실이 된다. 자유학기제를 세상에 널리 알릴 가장 효율적이고 강력한 방법이 될 것이다.

CHAPTER 06

전환학년제,
막연한 동경심은 말아야

아일랜드도 완벽하지 않다.

사람이 사는 곳은 어느 곳이나 마찬가지다. 좋은 점이 있으면 나쁜 점이 있고, 배울 점이 있으면 꼭 피해야 할 점이 있듯이……. 아일랜드도 마찬가지다. 환상을 갖고 공부하는 것과 현장을 접하는 것은 다르다. 한국의 열악한 경쟁과 비교해 봤을 때 아일랜드는 아이들이 자라기 좋은 환경임에는 분명하다. 사람들도 느긋하다. 좀 더 크고 멀리 볼 수 있는 여유가 주어졌기 때문일 것이다. 우리나라 학부모는 성적에 연연하면서 큰 것을 잃고 있을 때 아일랜드는 여유를 갖고 조급해하지 않았다. 단 경계해야 할 점이 있다. 아일랜드 교육 시스템을 단순하게 찬양해서는 안 된다는 점이다. 사립학교와 공립학교의 차이점을 알아야 한다.

우리와는 다소 다른 부분이기도 하다. 보통 사립학교가 공립학교보다는 여러 측면에서 낮다는 평가를 받는다. 물론 사립학교는 교육비가 비싸고, 공립학교는 저렴한 장점이 있다. 일부 공립학교는 비가 새는 곳이 있을 정도로 교육환경이 별로다. 유독 비가 많이 내리는 지역이 바로 아일랜드인데 하루에도 수차례 날씨가 변한다. 말라하이드 지역을 취재했을 때는 날씨가 화창해 기분이 좋았다. 드넓은 대지를 걸으며 상상했다. 경제적인 자유를 얻게 된다면 나도 이런 여유를 즐기고 싶다고……. 그 생각을 접기도 전에 저 멀리 검은 구름이 몰려왔다. 지나가는 소나기겠지 여겼는데, 천둥이 치고 비가 내리기 시작했다. 늦은 5월이었는데도 심지어 우박이 떨어졌다. 이런 변덕스러운 날씨인데, 비가 새면 곤란하다. 아이들이 어찌 공부를 하겠는가.

아일랜드는 경제력에 따른 차이가 분명하게 드러나 보였다. 사회적 계급은 어느 사회나 존재한다고 본다. 그것이 눈에 보이거나 보이지 않거나. 아일랜드도 경제력의 차이에 따라 어떤 교육을 경험했는지가 확연히 다르다고 한다. 질 높은 사립교육을 받는 아이들은 전체의 20%도 채 되지 않는 것으로 알려지고 있다.

아일랜드의 정확한 사정을 알고 싶어 공립학교를 취재했다. 제한된 시간과 비용, 개인적인 역량으로 인해 이를 충분하게 수행하지 못한 점이 아쉬움으로 남는다. 아일랜드에서 취재했던 학교 중, 공립학교는 말라하이드 커뮤니티 스쿨이다. 시설도 괜찮았고, 프로그램도 다양해 보였다. 말라하이드 지역은 아일랜드에서도 교육환경이나 편의시설이 비교적 잘 갖춰져 있어서 선호가 높은 지역이라고 한다. 그래서 집값도 비싸다. 이는 한국과 비슷한 실정이다. 전형적인 자본주의 사회의 모습이다. 자유학기제의 롤모델이 된 전환학년제를 먼저 도입했다고 모든 것이 좋다고 여기면 곤란하다. 물론 우리처럼 주사위 던지듯 미래를 결정하는 사회보다는 나을 수 있다. 그래서 우리도 자유학기제를 도입해 교육의 변화를 유도하려는 것이다.

아일랜드 더블린의 도심은 좋은 예다. 빈부의 격차가 심각한 상황이었다. 일부 사람들은 도심 계획의 실패라고 평가하고 있다. 잘 사는 사람과 못 사는 사람을 함께 어우르기 위한 목적으로 서로 만날 수 있게 주거지역을 설계해 놓았다는 것이다. 그래서 빈민가는 지저분하고 위험하고, 부유한 거주지는 정비가 잘 돼 있었다. 더블린 시내를 돌아다니면서 이상한 느낌을 받았었는데, 바로 이것이었다. 걷다 보면 한 블록은 잘 정리돼 있고, 또 한 블록은 어두침침하고, 밝기도 하고 어둡기도 하고……. 아일랜드 사회도 철저히 자본의 논리가 지배하는 사회였다. 빈부의 격차가 완연히 느껴졌다.

'네 자식 공부시키려면 네 돈을 내라' 이런 면을 이해해야 한다. 현실과 환상은 다르다. 자신을 잘 알지도 못하면서 미래를 결정하는 일은 더 이상 지속돼선 안 된다. 열정을 갖고 일하려면 자기 자신과 꼭 만나야 한다. 그래야 성공할 수 있고, 자신의 삶을 살 수 있다. 이것이 바로 자유학기제가 담아야 할 철학이다.

전환학년제를 경험한 아이는 일단 상황을 장악한다.

아일랜드에서 한국인 학부모를 만났다. 세 아이의 엄마인 권순주 씨는 한국에서 아일랜드로 건너왔다. 위로 두 아이는 전환학년을 할 시간적 여유가 없어서 패스해야 했고 셋째는 전환학년제를 경험했다고 한다. 그녀는 전환학년제에서 아이의 상황장악력을 키울 수 있었다고 했다.

"한국에서 온 기자가 전환학년제를 취재하러 온다니 하니 막내가 제일 먼저 꺼낸 이야기가 '그거 있잖아 망한 거'라고 말하더군요."

"실패한 경험이라고요?"

"네, 아이들은 망한 것에서 상당히 도움을 많이 받았다고 해요. 실패하고 가볼 수 있다는 것이 바로 전환학년제의 가장 큰 매력이라고 하더군요."

"실패한 경험을 준다는 것이 상당히 부럽고 좋은 점처럼 느껴지는데요."

"학교나 지역 단체가 다 참여합니다. 뭘 하나 하면 유명인들이 참석해요. 그러면 아이들은 '내가 정말 꽤 괜찮은 것을 하고 있구나'를 느끼게 되는 거죠."

그는 아이들을 보면서 여러 가지를 느꼈다고 한다. 일단 아이들이 다양하고 풍부해졌다. 또 자기가 스스로 알아서 한다는 점도 느꼈다고 한다.

"아이와 이야기를 나눌 때 상황 장악력이라는 말을 했어요. 일단 장악을 하는 것입니다. 자신이 선택을 하니까 그런 능력이 생기게 되는 거죠."

"우리나라 아이들이 수동적인 느낌이 드는 것과는 다른 점이군요."

"네, 한국은 선택의 폭이 좁고 급하잖아요. 하지만 이곳 아일랜드 아이들은 스스로 상황을 장악해서 이것저것 선택해보고 시도도 해요. 그런 과

가시카 프로그램의 백미라고 할 수 있는 어드벤처 투어

정 속에서 실패도 하고, 그런 점이 또 좋았다고 말해요."

구체적으로 어떤 경험을 했는지 알고 싶었다. 그의 자녀도 역시 대통령상이 주어지는 '가시카'를 경험했다고 한다. 스스로 참여를 결정할 수 있고, 프로그램을 이수하면 메달이라는 보상을 받을 수 있다. 특히 가시카 프로그램의 백미라고 할 수 있는 어드벤처 투어(모험여행, Adventure Tour)가 가장 기억에 남았다고 했다.

"전환학년제를 시행하는 학교에 가시카 스케줄이 짜여 있고, 아이 스스로가 참여를 결정합니다. 부모가 아이의 성취에 대해 확인해줄 수 있다고 해서 하자고 했죠."

"가시카라는 말이 아일랜드어로 큰 성취라는 의미를 담고 있다고 들었어요."

"네, 테니스를 배우겠다고 결정하면 그에 대한 성취를 테니스 교사가 점검을 해주는 거죠. 포핸드를 배웠으면 어느 정도인지를 체크하면서 성취해 나가는 시스템입니다. 그리고 마지막에는 반드시 모험여행을 다녀와야 합니다."

"네, 그렇게 들었습니다."

"극기훈련 같은 건데, 산악지역을 트레킹합니다. 25km 정도를 걸어야 하는 고된 훈련이죠. 이를 통해 아이들은 자기 자신과 더 잘 만날 수 있게 됐다고 이야기하더군요."

"안전은 어떻게 담보하나요?"

"네, 물론 안전이 최우선적으로 고려됩니다. 선생님과 안전에 관한 전문가가 동반을 하게 됩니다. 이처럼 교과 이외에 다양한 체험을 할 수 있는 기회를 가질 수 있습니다."

아일랜드는 인심이 후한 편이다. 마치 한국인을 보는 것 같다. 술 좋아하고, 남 돕는 일에 잘 나선다. 소박하다는 느낌이 들 정도다. 지방에서 살다 왔다는 그도 소박한 지역사회가 아이들에게 많은 도움을 줬다고 말했다.

아일랜드는 분명 우리와는 지구 반대편에 위치한 먼 나라이다. 유사한 점도 많고 다른 점도 많다. 이들의 이야기를 듣고 있다가 특이한 점을 발견했다. 이 점은 자유학기제를 떠나 우리나라 학교에서 꼭 벤치마킹했으면

성적우수자에게 수여하는 1등 메달 사진. 아일랜드도 성적우수자에 대한 시상이 있다. 다만 휴일에 당사자만 불러 시상식을 진행한다.

좋겠다는 생각이 들었다.

우수한 성적을 받은 학생들에 대한 시상이다. 내가 어릴 적에는 전교생이 보는 앞에서 성적 우수자에 대한 시상을 했다. 성적 우수자는 졸업식에서도 남들 앞에 서는 영광(?)을 누리게 된다.

아일랜드 사회도 성적 우수자에 대한 시상이 있다. 150여 년의 전통을 지닌 남학교 블랙락 컬리지도 우수한 성적을 받은 학생에게 등위 메달을 전달한다. 우리와 다른 점은 모두가 쉬는 주말에 해당 학생과 부모들만 불러 시상을 한다는 점이다. 그래서 아일랜드 일부 학부모는 이런 시상이 있는지조차도 모른다고 한다. 시상도 정말 멋있게 한다. 대학 졸업식에서나 볼 수 있는 옷을 차려입고 이 나라의 미래를 이끌어 나갈 인재에 대해 격려하는 자리로 꾸며진다는 것이다. 노력에 대해 칭찬을 하되, 남을 배려하는 시상식이 아일랜드에서 이뤄지고 있었다.

CHAPTER 07

제리제퍼스 국립 아일랜드대 명예교수

학생의 창의력에 가장 큰 제한은 바로 교사의 상상력

교사출신으로 대학 교수를 지낸 제리제퍼스 국립 아일랜드대 명예교수. 그는 전환학년제를 오랫동안 연구해 왔다고 한다. 그런 그의 경험을 듣고 싶었다. 그는 아일랜드에서 가장 만나고 싶은 사람 중 한 사람이었고, 그를 만나기 위해 아일랜드를 선택했다고 해도 과언이 아니었다.

그와 약속을 잡고 서둘렀는데도 그만 약속한 시간보다 좀 늦게 도착을 했다. 미안해하는 나에게 그는 괜찮다며 악수를 청했다. 옆집 할아버지 같은 푸근한 인상이었다.

제리제퍼스 교수는 전환학년제는 학생들이 인간적으로, 사회적으로 균형을 맞춰나가기 위해 꼭 필요한 제도라고 설명했다. 이 목표를 위해 다양한 프로그램이 존재한다는 것이다. 아일랜드의 모든 학교는 자기만의 스타일대로 전환학년제를 갖추고 있다. 이 때문에 명확한 규칙도 정한다. 학부모나 학생, 교사들이 이 과정에 모두 참여해야만 한다.

"한국의 교육 시스템을 잘 모르기 때문에 명확하게 이야기할 수는 없습니다. 아일랜드의 경험 위주로 알려드리죠."

"전환학년제를 모델로 한 자유학기제가 조기에 정착할 수 있는 조언을 듣고 싶습니다."

"아일랜드에서는 전환학년제의 책임자인 코디네이터에게 역할이 너무나 집중돼 있습니다."

"어떤 의미인가요?"

"학교라는 곳은 너무나 바쁜 곳입니다. 전환학년제를 운영하는데 코디

교사 출신인 제리제퍼스 국립 아일랜드대 교수는 전환학년제를 연구하고 있다. 그는 아이들을 교사의 상상력 안에 가두면 안 된다고 충고했다.

네이터 혼자 다 해야 하는 상황입니다. 전환학년제의 책임을 맡아 하는 것이죠."

"코디네이터의 중요성이 느껴지네요."

"굉장히 중요한 역할입니다. 하지만 한편으로는 학교에서 소외될 수도 있습니다."

"소외된다고요? 전환학년제의 중심인데요?"

"코디네이터가 굉장히 열정적으로 일을 하고, 또 일을 잘 하면 어느 누구도 의견을 제시하지 않는 상황이 올 수도 있습니다."

"그것은 소통의 부재가 발생할 수도 있다는 뜻인가요?"

"프로그램이 변하지 않고 늘 동일한 프로그램으로 채워지게 되는 것이죠. 전환학년제의 프로그램은 매년 달라져야 합니다."

"항상 새롭게 변화해야 한다고요?"

"동일해서는 안 됩니다. 제일 중요한 점이죠. 변화하고 신선해야 합니다. 새롭게 계속 바뀌어야 하죠. 그러려면 학교 교사들이 코디네이터를 소외시키지 말고 지원해야 합니다."

"소외되지 않으려면 어떻게 해야 하나요?"

"지역의 이전 선배 코디네이터들이 합류해 의견을 나누는 시스템이 갖춰져야 합니다. 그 자리는 모든 것을 다 사실대로 나누는 자리가 돼야 합니다."

제리제퍼스 교수는 여기까지 말하고 커피 한 잔을 마셨다. 아일랜드 특유의 친분을 쌓는 농담이 이어졌다.

"저도 한국을 방문하고 왔습니다. 자유학기제를 도입한다고 마련한 콘

퍼런스였는데, 한국의 차(Tea)가 정말 좋더군요. 다시 방문하고 싶은 나라
예요."

그는 직업체험에 관해 말을 이어 나갔다.

"전환학년제에 있어 학생들은 학교 안에서의 경험과 학교 밖에서의 경
험을 하게 됩니다. 직업체험은 외부로 나가는 경험인데요. 이를 위해서
오리엔테이션이 정말 중요합니다. 미리 준비해야 할 것들이 많습니다."

"어떤 것들이죠?"

"학교는 직장 가이드북을 만들고, 철저히 준비를 해야 합니다. 직업체
험을 시작할 때부터 마치고 나서 복귀하는 과정까지 누구나 알 수 있게
해야 합니다. 피드백도 역시나 중요한 요소가 됩니다."

"구체적인 예를 들면요?"

"법원으로 체험을 간다고 했을 때 학생들이 어떤 느낌을 받을지 미리 준
비해야 합니다. 그래서 어떤 질문을 할지에 대한 조합도 고려해야 해요."

"서먹한 만남으로 끝나서는 안 된다는 얘기이죠?"

"자연스러운 흐름으로 연결될 수 있도록 해야 합니다. 이는 교사들의
창의력이 필요한 부분입니다."

그와 학생들이 직접 회사를 창업하는 경험을 할 수 있는 미니 컴퍼니
프로그램에 대해서도 이야기를 나누어 보았다.

"미니 컴퍼니의 성공이 내부에서의 대화가 지속적으로 이뤄져야 성공할 수
가 있다는 것을 프로그램을 운영하면서 학생들은 자연스럽게 알게 됩니다."

"중요한 지적이네요."

"지난해에 무슨 수업을 받았느냐는 중요하지 않습니다. 현재의 배움에서 얻어가는 지속적인 교육이 돼야 합니다."

녹색 테이프로 지갑을 만든 학생이 있었는데 상업화에 실패한 모델이었다고 한다. 돈을 벌기 위해 만든 것인데 누구도 원하지 않는 상품이 만들어진 것이다. 이러한 실패를 통해서 아이들은 깨달음을 얻는다. 이런 것이 미니 컴퍼니가 주는 훌륭한 경험이라고 할 수 있을 것이다.

"녹색테이프로 지갑을 만든 학생은 사업에 실패했어요. 실패를 통해 얻은 것은 생산라인의 운영에서 찾을 수도 있고, 판매나 소비자를 고려하지 못한 마케팅에서도 찾을 수가 있습니다."

"학생들이 그런 일을 직접 한다고요?"

"네, 미니 컴퍼니에 있어 가장 큰 장점이죠."

"학생들이 이런 활동들을 선호하나요?"

"일반학생들은 만드는 걸 좋아합니다. 창조의 과정이죠. 로봇 만들기 같은 건 정말 학생들에게 인기가 높습니다."

"직접 보면 놀랄 겁니다. 학생들의 창의력에 있어 가장 큰 제한은 바로 교사들의 상상력입니다."

작은 성취라도 지역사회와 나눠라.

교사들의 상상력을 키워주기 위해 아일랜드에서는 워크숍과 소규모 팀 트레이닝을 실시한다.

"지속적으로 찾아내는 것이 가장 중요합니다. 놀라운 변화는 학생들에게서도 찾을 수 있습니다. 그걸 공유해야 합니다."

"우리나라 교육은 주로 강의식으로 진행되고 있는데 이런 면이 창의력 향상에 제한이 될 수 있겠군요."

"전환학년제에서는 전혀 다른 활동적인 교육이 진행됩니다. 이런 활동을 가치 있게 하려면 교사들의 역할도 활동적이어야 합니다. 단순히 지식으로만 하는 것이 아니라 마음속에서 이끌어내야 합니다."

"마음에서 이끌어낸다?"

"적극적이고 활동적인 것들은 어떻게 보면 시끄럽고 혼잡스럽고 정리가 안 된 듯 보입니다. 우리가 지금까지 해왔던 것처럼 틀에 맞춰 짜인 것들이 아니기 때문이죠."

학생들을 교사 안에 가둬두면 안 된다는 제리제퍼스 교수는 교사들의 창의력을 키워주기 위한 시스템이 필요하다고 강조했다.

한국의 자유학기제 성공을 위한 조언에 대해서도 물어보았다.

"한국은 학교에서 학업적인 면을 강조해온 것 같습니다. 전환학년제는 학교에서만 이뤄질 수는 없습니다. 사회인으로 구성원이 되는 과정은 모두가 참여해야 합니다."

"그것이 지역사회의 참여가 필요한 이유겠죠?"

"아프리카 속담에 한 아이를 키우기 위해서는 온 마을이 함께 해야 한다는 말이 있습니다. 가정과 학교가 따로따로라면 교육이 제대로 이뤄질 수 없겠지요."

"기업의 고용주 또한 이런 활동을 제공해야 하는 사회적 의무가 있습니다. 학교와 지역사회, 기업들이 이런 역할에 대해 알고 있고, 아이들을 함께 키워 나가야 한다는 점을 우리는 잘 알고 있지요."

"이런 점들이 아일랜드가 그동안 축적해온 경험들이겠죠?"

"하지만 현대사회는 하루가 다르게 모든 게 바뀌어 가고 있습니다. 이에 맞춰 교육도 계속 변화해야 합니다."

자유학기제가 자리 잡기 위해서는 인식의 변화가 필요해 보인다. 이를 위해 학교는 작은 성과라도 지역사회와 나누려는 노력을 기울여야 한다.

"학기 말인 5월에 가장 많은 행사가 열립니다. 지난주에는 전환학년제 학생을 비롯해 아일랜드 청소년 5,000여 명이 참여하는 콘퍼런스가 개최됐습니다. 영국의 보다폰 컴퍼니의 최고 경영자도 참석했지요."

"그것은 어떤 행사인가요?"

"바로 영소셜이노베이터스라는 청소년 주도 사회변화 프로그램입니다."

"학생들의 성취를 한자리에서 나눌 수 있는 자리군요."

"그렇죠. 자신들이 만든 작품에 대해 프레젠테이션을 하는 발표시간도 갖습니다. 비즈니스 분야와 관계되는 사람들도 많이 초대합니다. 학생들이 그들 앞에서 발표를 하는 거죠."

"그런 행사를 통해서 학생들은 자신감도 얻을 수 있겠군요."

"환상적이죠. 학생들은 국제 문제에 대한 발표를 했습니다. 자신들이 이뤄낸 성취를 공유하는 장이 되는 것입니다."

"영소셜이노베이터스 외에 어떤 다른 프로그램들이 있나요?"

"상당히 많습니다. 학생들이 만든 작은 회사를 보여주는 장이 마련됐는데요. 포뮬러 미니카를 만들었는데 정말 그럴 듯했습니다. 실제로 주행이 됐어요. 대단하지 않나요?"

"경주용 자동차를 말하는 건가요?"

"네, 또한 미얀마 팔레스타인 등 국제 문제에 대한 발표도 이뤄졌습니다. 청소년들이 사회 변화의 주체가 되는 모습을 볼 수 있는 행사이죠."

아무리 좋은 성과를 내더라도 다른 이들이 알지 못하면 그만이다. 학교에서 아무리 좋은 프로그램을 운영하고, 학생들이 능력을 발휘한다고 하더라도 지역과 함께하지 않고는 지역사회의 참여를 유도할 수 없다. 아일랜드는 작은 성취나 성과라도 지역사회와 나누려는 노력을 통해 지역사회의 참여를 유도하고 있다.

긍정적 경험은 선순환의 고리가 된다.

전환학년제 제도를 통해 예전에는 자동차 수리에 대해 배우고 그에 대한 자격증을 주는 시스템이 고작이었다면 지금은 자동차를 만들고 이를 작동시키는 실질적인 결과물을 만들게 됐다. 물론 이런 프로그램은 전환학년제 학생들뿐만 아니라 이후 청소년들도 참여할 수 있게 프로그램이 연계가 돼 있다.

전환학년제는 사회 변화에 학생들이 주체가 될 수 있음을 맛볼 수 있는 마중물이 된다. 이후 꿈을 가진 청소년들은 그 꿈을 실현하기 위해 노력하고 위대한 성취의 기쁨을 맛보게 된다. 이런 모습을 본 아일랜드 사회는 지원을 아끼지 않는다. 선순환의 고리가 완성된 것이다.

'내가 청소년이라고 상상해보자. 움직이는 경주용 자동차를 완성하고, 그 차가 움직였다.'

그러한 성취감은 어떤 말로도 표현할 수 없을 만큼 클 것이다. 다른 이들에게 자랑하고 싶어질 것이다. 하지만 자랑할 기회가 없다면 그 경험은 그대로 사라질 가능성이 높다. 때문에 '성취'를 보여주는 것 또한 무척 중요하다. 아일랜드는 이런 경험을 나누는 장을 마련한 것이다. 또한 이러한 긍정적 경험은 향후 전환학년제를 더욱 강화시킨다. 전환학년제에서 이런 경험을 한 학생들은 사회에 진출해서도 성취를 이루려는 자발적 노력을 기울일 가능성이 높다. 또 어린 전환학년제 후배들에게도 자신의 경험을 되돌아보며 더 나은 프로그램을 제공하려 할 것이다.

아일랜드는 이러한 경험을 쌓는 데 무려 40여 년의 세월이 걸렸다. 우리는 이제야 출발선에 선 것이다.

"문화적 변수가 워낙 많기 때문에 한 나라의 시스템을, 혹은 관념들을 다른 나라의 시스템으로 바로 대입하는 것은 매우 조심스럽게 다뤄져야 합니다."

"결국 우리가 어떻게 받아들이고 소화하느냐가 중요한 문제이군요."

"모든 사회가 저마다의 특성이 있고, 지역마다 다르기 때문에 상황에 맞춰서 진행해야 합니다. 한국 스타일로 맞춰서 운영하시기 바랍니다. 그래야 성공할 수 있습니다."

자유학기제
성장을 돕는 도구

4

CHAPTER 01

제주도의
자유학기제

    춘천에서 출장에 필요한 옷가지를 부랴부랴 정리해 김포공항으로 향했다. 중학교 수학여행 이후 두 번째로 제주도로 가는 길이다. 한 시간의 짧은 비행 뒤에 도착한 제주도. 8월 중순의 여름이라 후덥지근한 날씨에 약간 짜증이 날 정도의 습도가 느껴졌다.

    제주도는 2014년 모든 중학교가 자유학기제를 도입했다. 자유학기제가 전면 도입되는 2016년의 대한민국을 미리 만날 수 있는 셈이다. 제주 중앙여자중학교에서 진로교육에 관해서 취재를 하였으며, 한라중학교와 서귀포중학교에서 자유학기제를 통한 학교의 변화를 느낄 수 있었다.

    취재를 하면서 제주도에서 왜 자유학기제를 모든 중학교에서 도입할 수밖에 없었는지 그 사실을 깨닫게 됐다. 그 이유는 치열한 인문계 고등학교 입시 때문이었다. 제주시의 경우 고입이 평준화가 됐지만 평준화에 포함

되기 위한 경쟁을 해야 한다. 두 명 중 한 명은 탈락한다고 한다. 이런 이유에서 어느 한 중학교에서만 자유학기제를 도입하면 그 학교의 학생들이 불이익을 받을 수 있다는 우려가 있었다. 자유학기제에는 시험이 없기 때문에 고입 평가에 애매할 수 있다는 걱정이 존재한다. 때문에 모든 중학교에서 실시하면 동일하게 적용될 수 있는 토대가 마련된다. 제주도는 강원도와 여러모로 닮아 있기도 했고, 또 전혀 다른 모습이기도 했다.

대한민국에서 가장 큰 섬 제주도가 자유학기제로 뜨겁게 달아오르고 있었다.

제주도는 2014년 모든 중학교에서 자유학기제를 시작했다. 전체적인 모토는 〈꿈그릴樂 제주 자유학기제〉다. '꿈그릴'은 제주 자유학기제의 로고다. '꿈을 그려내는 즐거움(행복)'이라는 의미와 함께 '의지'를 나타내는 제주방언의 어미 '–락'이 붙어 '꿈을 그려내 보자'는 뜻을 담고 있다.
학생들이 스스로 어떻게 행복하게 살아갈 것인가에 대한 고민을 시작하게 하는 학생 중심의 교육 실천이 교육 목표다.

CHAPTER 02

인문학 동화일기로 진로교육을 하다

자유학기제의 도입을 앞두고 제주도교육청은 이와 관련한 세미나를 개최했다. 진로 탐색에서부터 수업의 변화, 동아리활동 등에 대한 개략적인 설명회 형식이었다. 제주 중앙여자중학교에서 진로교육을 맡고 있는 고문심 선생님이 진로 탐색에 대한 주제 발표를 했다.

"아시다시피 제주도는 밖으로 나가기가 힘든 섬이에요. 자유학기제 희망학교를 처음 하면서 진로체험을 위해 모든 학교가 나갈 수는 없는 상황이었어요. 그래서 학교 내에서 할 수 있는 진로 탐색을 강조해서 그 경험을 나누려고 했습니다."

"학교 안에서 하는 진로 탐색이라고요?"

"혹시 학교 진로교육 프로그램(SCEP)이라고 들어보셨나요? 이것이 조금 바뀌어서 SC+EP로 변화했습니다."

"구체적으로 그것이 무엇인가요?"

"학교 진로교육 프로그램입니다. 플러스가 새롭게 붙여졌죠. 플러스는 크리에이티브(Creative)를 의미하는 것이고요. 스쿨 커리어 에듀케이션(School Career Education)의 약자입니다. 교육부와 한국직업능력개발원에서 진로교육이 체계화가 돼야 하지 않겠느냐 해서 진로 목표 체계도를 만들었습니다."

"진로 목표 체계도? 조금 어렵네요."

"초등학교, 중학교, 고등학교 급으로 나눠서 진로 목표 체계도를 만들었습니다. 목표 체계도에 따른 진로활동을 어떻게 해나갈까 하는 것입니다. 이에 더해 창의적이며 체계적이어야 하고, 앞으로의 사회변화에 맞춰서 진취적이고 문제해결력 중심으로 진로교육이 돼야 한다는 목적으로 만들어진 프로그램입니다. 각 시도에 한 곳의 연구학교가 있습니다."

"강원도에도 있나요?"

"네, 철원중학교, 강릉정보고등학교가 연구학교입니다."

"제주 중앙여자중학교도 연구학교인가요?"

"네, 진로와 직업 스마트북이 있습니다. 그것을 활용할 수 있는 방법을 통해 학교 안에서 진로 탐색을 할 수 있는 방법이 있다는 것을 세미나에서 안내를 하죠. 태블릿 PC를 활용한 방법들입니다. 직접체험이 아닌 간접 체험이죠."

"직업체험실이 따로 마련돼 있나요?"

"네, 학생들이 사용할 수 있는 기계가 들어와 있습니다. 학교는 무선랜으로 인터넷에 연결할 수 있는 시스템이 마련돼 있고요. 우리 학교는 110여 대의 태블릿 PC가 보급돼 있습니다. 방송을 통한 간접체험도 훌륭합니다."

고문심 선생님은 보다 광범위하게 진로라는 범위에서 자유학기제에서 어떤 것을 심어줘야 할까를 고민했다고 한다. 그에 대한 답은 사람과 센스(감각)교육이 돼야 한다는 점이었다.

"사람들의 느낌, 오감이라고 할 수 있지요. 이러한 점이 바탕이 돼야 창의력과 문제해결력이 생기지 않겠느냐는 것입니다. 넓은 의미에서의 진로교육입니다."

"넓은 의미라?"

"네, 사회가 많이 변화한다는 것은 기자분이니까 더 잘 아시겠죠. 그런데 사실상 학교 선생님들은 잘 못 느껴요. 저 같은 진로교사들이나 사회가 어떻게 변화하는지 느끼는 편입니다."

"형식적인 진로체험이 아닌 미래를 미리 경험할 수 있는 방안은 있는지요?"

"음……. 사실 저는 미래를 경험한다는 것은 말이 안 된다고 생각해요. 미래를 준비하는 것이지, 미래를 경험할 순 없죠."

"그러네요."

"사회에서 요구하는 인간상을 학교가 따라가야 하는 것은 당연하잖아요. 물론 교육적으로 의미 있게 가야 하는 부분도 있지만 사회가 요구하는 역량으로 창의력, 문제해결력, 대인관계능력, 협동능력 등이 자유학기제에서 키워야 할 부분입니다."

"그런 부분들을 체험과 느낌이 가도록 교육할 수 있는 것이 바로 앞서 말씀하신 센스교육이군요?"

"네, 학생이 '나는 기자가 되고 싶어요'라고 한다면 직업 박람회에서도 충분히 느낄 수 있어요. 문제는 스스로 진로를 찾아가는 부분입니다."

"그것이 자유학기제가 추구하는 목적 중에 하나인 거죠?"

"네, 자신의 진로를 자기주도로 스스로 삶을 개척할 수 있도록 다양한 경험을 하게 해주는 게 필요합니다. 흥미와 적성을 생각해보면서 다양한 경험을 통해서 이 사회가 어떻게 변화하는가도 느껴보고 그 안에서 내가 어떻게 살아가야 하는지에 대해서도 생각해볼 수 있는 그런 꺼리를 만들 수 있는 기회들로 삼아야 한다고 생각해요."

"동감입니다."

"자유학기제라는 한 학기에서 직업체험을 어디로, 몇 군데 가서 해야 한다는 강박관념보다는 학교 수업 개선, 진로체험, 동아리활동, 예체능 활동까지 포함해서 전체적인 맥락에서 학생들이 미래를 진취적으로 살아 가게 하려면 어떤 것들을 해야 할 것인지 하는 교육이 이루어져야 하고, 진행돼야 한다고 생각해요. 지극히 개인적인 생각입니다."

"그렇다면 이 학교에서는 어떤 실천을 하고 있는지요?"

"여러 활동 중에 인문학 동화 읽기가 있습니다."

"인문학 동화 읽기? 진로체험으로?"

"네, 넓은 의미에서 보면 진로체험과 연관되는 부분이 있습니다. 왜냐하면 우리가 진로라고 하는 부분이 자기가 어떻게 살아가야 할지 하는 부분이잖아요. 그런데 희망직업을 정해야 하고 그걸 체험해야 한다고 오해를 해요."

"아하!"

"살아가는 데 있어서 사람들과의 관계를 어떻게 해야 하고, 앞으로 살아갈 때 어떤 가치를 가지고 살아가야 하는지에 대해 아이들이 폭넓게 진로에 대해 생각할 수 있는 기회가 필요한 것 같아요. 그래서 우리 학교는 인문학 동화 읽기를 하고 있어요. 현재 8권이 나와 있고, 3권이 더 나올 예정입니다. 공자, 아리스토텔레스 등의 책으로 하고 있습니다."

제주 중앙여자중학교는 8반으로 구성돼 있다. 2주에 한 권씩 인문학 책을 읽고 생각해보는 시간을 갖는데 한 학기 동안 8권을 읽게 된다. 동물병원의 이야기를 통해서 약자에 대해서 어떻게 대해야 하는지, 협력하며 산다는 것은 어떤 것인지 인생의 조언 등을 깨닫게 되는 것이다. 또 공부는 왜 해야 하는지에 대한 이유를 알 수 있게 된다.

시험기간으로 정해진 7일 동안이 진로활동을 하는 기간이며, 학교 자체적으로 진로체험의 경험을 나누는 시간도 따로 마련할 계획이라고 한다.

2016년에 모든 중학교에 자유학기제가 도입되면 예산 문제가 발생할 것이다. 앞으로 예산은 줄어들거나 없어질 수도 있다. 이에 맞춰 진로 탐색의 방향이 학교 내에서 해결하는 방향으로 옮겨져 갈 것이다. 문제는 비용이다. 결국에는 교사의 역량을 강화하는 방향으로 가야만 비용을 낮출 수 있다. 화상을 통한 간접 진로체험도 그런 이유에서 생겨났다. 다양한 직업인들을 만날 수 있는 기회가 주어질 수 있다는 장점도 있지만, 필자는 개인적으로 화상보다는 지역에서 사람들과 만나면서 직접 느끼는 방향의 진로 탐색이 한 번쯤은 이뤄져야 할 필요성이 있다고 생각한다. 짜맞추기식으로는 하지 말라는 것이 진로교육의 최신 흐름이다. 이유는 사회가 빠르게 변화하기 때문이다.

창의적으로 자기의 일을 개척할 수 있도록 지도해야 하는 것이 중요하다. 이에 맞춰 창업 프로젝트가 유행처럼 번지고 있다. 초기라 사업계획서를 만드는 수준이지만 실질적으로 자금을 확보하고 실행할 수 있는 방향으로 갈 것이다.

"악플 제거, 디지털 장례사, 노숙자 코디네이터 등에 대한 사업 계획서 같은 것들을 아이들이 직접 만들기도 했어요."

"우리가 생각하는 것보다 훨씬 재미있는 사업계획이 많군요."

"사회의 변화에 대해서 느끼는 부분이 참 기발하죠. 후훗!"

그와의 대화를 통해 학교 전반에서 이뤄지고 있는 진로교육은 자유학기제보다 더 포괄적이라고 느껴졌다. 자유학기제는 '진로교육을 할 수 있는 시간적 여유를 줘서 활성화할 수 있겠구나'라는 느낌도 들었다. 자유학기제에서 세운 창업 계획서들이 이후 학년으로 연계돼 팀으로 실질적인 결과를 낸다면 진정한 진로 탐색이 될 수 있다. 다양한 사고의 확산이 더 중요해 보였다. 또한 일회성 체험은 필요하지 않다고 여겨졌다.

자유학기제의 기획 취재는 필자 스스로 문제의식을 느끼고 이를 함께 해결하자는 의도로 시작했었다. 그렇기 때문에 어려운 일에 부딪혔을 때도 오히려 재미를 느꼈다. 이런 주체성을 키워주는 것이 자유학기제여야 한다. 진로 탐색도 마찬가지일 것이다.

CHAPTER 03

교장실 문은 항상 열어 두고 아이들과는 친구가 된다

제주시에서 서귀포시까지 한 시간이 넘게 걸리는지 몰랐다. 렌트카를 몰고 묵고 있던 숙소에서 서귀중앙여자중학교로 향했다. 아침 시간. 아무도 없는 제주의 길을 따라 드라이브를 즐겼다. 상쾌했다. 30분쯤 달렸나 싶었는데, 환상적인 드라이브 길을 만났다. 제주시와 서귀포시를 잇는 516도로. 일명 '숲터널'이라는 곳이다. 도로 2차선 밖에는 나무들이 울창했다. 견우와 직녀를 만나게 해주려는 듯 도로 위는 나뭇가지로 연결돼 있었다. 숲으로 된 터널을 지나는 느낌은 말로 표현할 수 없을 듯 좋았다. 몽환적인 환상에 빠져들었다. 이곳 어딘가에는 분명이 요정이 살고 있을 것만 같다. 잠시 멈춰서 숲을 즐기고 싶었지만 안타깝게도 차를 세울 도로 공간이 부족했다.

감상에 흠뻑 젖어 헤어 나오지 못하고 있었는데 벌써 학교에 도착했

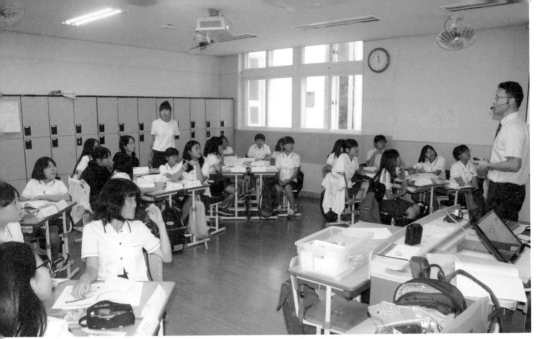

진로캠프에 참여하고 있는 서귀중앙여자중학교 학생들

다. 김후배 교장 선생님과의 만남이 약속돼 있었다. 교장실로 향했다. 문이 열려 있다. 멀리서 오는 손님을 맞이하기 위한 준비처럼……

교장실에 들어 선 순간 가장 먼저 눈에 들어오는 것이 있었다. 벽 한 켠에 있는 전교생의 얼굴 사진이었다. 알고 보니 교장 선생님은 문을 항상 열어 놓는다고 한다. 춘천 멀리에서 온 필자를 맞이하기 위해서가 아니라 가까이에 있는 학생들이 언제든지 찾아와 말을 건넬 수 있도록 한 교장 선생님의 배려였던 것이다.

"자유학기제에서 학생들이 서로 협력할 수 있는 시간을 많이 줬습니다. 또한 자기 스스로 뭔가를 이해하고 학습능력이 높아지는 모습을 지켜보면서 긍정적인 면을 보게 됐습니다."

"그 외에도 어떤 변화들이 있었나요?"

"자아를 존중하는 자아존중감이 자유학기제에서 커지는 것 같았습니다. 동아리활동들도 학생들이 원하는 것으로 만들었습니다. 진로체험도 연 7회나 진행했지요."

"성공적으로 정착할 수 있을 것으로 보이는지요?"

"학생들이 굉장히 다양하게 자신을 표현하는 모습을 볼 수 있었습니다. 반드시 성공할 수 있는 제도라는 생각이 듭니다."

서귀포 학생문화원에서 5개의 강좌를 마련해 학교에 지원하고 있다고 한다. 수업의 변화를 통한 아이들의 변화와 교사의 변화도 경험했다.

"수업이 45분이라고 했을 때 자유학기제에서는 15분은 기본적인 설명이 이뤄지고 나머지 30분은 교사의 전문성을 활용해 학생들이 활동할 수 있는 다양한 프로그램 활동을 합니다."

"교사와 학생들의 만족도는 어땠나요?"

"상당히 높았습니다."

그의 학교 운영 철학은 '아이들이 행복한 학교 만들기'다. 그래서 교장실 문도 항상 열려 있다. 김 교장은 아이들은 즐겁고 행복해야 잘 크고 공부도 열심히 할 수 있다고 믿는다. 자유학기제 이전부터 아이들의 활동을 강조해왔던 그는 쉬는 시간은 온전히 아이들의 시간이니 마음껏 뛰어 놀든 무엇을 하든 관여해서는 안 된다는 것이 철칙이라고 한다.

그런 그에게 자유학기제의 롤모델이 됐던 아일랜드의 전환학년제의 경험을 들려줬다. 아이들이 이뤄낸 성취를 공유하는 행사를 마련하면서 지역의 관심을 이끌어내는 모습이 중요한 것 같다고 말했다. 사실 김후배

교장도 지역과 함께 하는 자유학기제를 고민하고 있었다.

"부모의 참여를 어떻게 유도할지에 대해 고민하고 있었어요. 지역의 기관은 비교적 협조가 잘 되는 편입니다. 테니스협회에서 아이들의 강좌를 진행한다든지 자전거동호회에서 자전거 타기를 가르쳐주기도 합니다."

"하지만 학부모들의 참여는 저조한가요?"

"네, 부모를 상대로 한 평생학습 강좌를 개설한다고 해도, 혹은 자녀 독서법 지도, 상담법 등의 강좌를 마련해도 부모들은 별 관심이 없더군요. 그것이 앞으로의 과제입니다."

진정한 자유를 만끽하게 하려는 자유학기제지만 교사나 학교 위주의 프로그램으로 학생들은 여전히 객체가 되고 있다는 지적에 대해서는 학생들의 선택의 폭을 넓혀줘야 한다고 공감했다.

"아이들이 보다 주체적으로 배움에 대해 느낄 수 있도록 서로에게 배울 수 있도록 학생 멘토링제를 도입했는데, 이런 면이 객체로서의 한계를 극복하는 데 도움이 될 것이라고 생각합니다. 앞으로도 많이 고민을 해야겠죠. 그것 역시 과제입니다."

서귀중앙여자중학교는 자유학기제 시행 이전과는 달리 토론 문화가 활성화되고 있다고 한다. 국어 과목뿐만 아니라 모든 수업에서 협력이 이뤄지고 있다. 기존에 45분의 수업을 교사가 주도했다면 자유학기제에서는 아이들이 활동하며 참여할 수 있는 변화가 이뤄졌다. 큰 변화 중의 하나라고 소개한다.

자유학기제 이후의 연계성에 대해서도 물었다.

"조벽 교수가 한 얘기입니다. 자유학기제는 단절되면 실패할 것이라고 했어요. 하지만 성공하기를 바란다는 말까지 덧붙였죠. 저도 그렇게 생각합니다. 한 학기로만 독립적으로 끝난다면 의미가 없겠죠. 자유학기를 계기로 졸업 때까지 교육과정 체제가 연결되도록 해야 합니다."

자유학기제의 실무 책임을 맡은 박향춘 교무부장도 덧붙여 설명했다.

"요즘은 학생들이 학교에서 즐겁게 지냅니다. 협력학습이 이전보다는 훨씬 많아졌는데요. 이를 통해 학력의 질적 향상과 또래 친구와의 관계가 더욱 긴밀해지고 개선되는 모습을 봤어요. 이런 변화는 장기적으로 우리 교육의 상당한 도움이 될 겁니다. 자유학기가 한 학기로 끝날 수는 없어요. 학교 선생님들이 모두 참여해야 하고, 학생들도 배움에 적극적으로 참여하는 경험을 쌓게 되는 것이죠. 이는 다음 학기 혹은 다음 학년으로 이어져야 합니다."

서귀중앙여자중학교는 아침 독서활동을 실시하고 있다. 교사와 아이들이 함께 자연스럽게 책을 읽는 분위기에 빠져들게 하려는 의도다. 효과는 이미 나타고 있다고 한다. 자유학기제 도입에 따른 학교의 긍정적 변화는 전학생의 증가로 이어졌다. 벌써 5명이나 이 학교로 전학을 왔다고 한다. 서귀중앙여중은 학생들이 직접 뮤지컬도 제작했다. 놀라웠다. 순간 아일랜드의 뮤지컬이 떠올랐다. 이 학교 학생들이 완성한 작품은 '공주는 괴로워'를 비롯해 6개였다. 음악 수업 내내 진행된 프로젝트였다. 성대한 아일랜드의 발표회와는 달리 학생들 앞에서만 선보이는 학예회에 가까웠다. 작지만 소중한 변화의 모습이다. 이제 지역사회만 초대하면 된다.

교장 선생님은 마이크를 사용하지 않고 훈화를 하며, 학생들에게 가까이 와서 앉으라고 주문한다는 것이다. 처음에는 어색해했던 학생들도 이제는 교장 선생님과 친구가 됐다고 한다. 이런 경험들은 학생들에게 평생의 자양분이 될 것이다.

이전의 교육 개혁은 자유학기제만큼의 호응을 이끌어내지 못했었다. 이전의 교육이 억지로 하라고 하니까 하는 척을 했다면, 자유학기제는 교사들의 자발적인 참여가 있다. 이 학교도 교사 모두가 만족한다는 설문조사 결과가 있었다. 놀라운 일이다.

설문을 통해서 학생들이 생각하는 자유학기제도 엿볼 수 있었다. 학생들은 자유학기제를 '오아시스', '스케치북'이라는 단어로 표현했다. 목 타는 사막에서 만나는 오아시스나 무엇이든 그려볼 수 있는 스케치북이라는 설명도 물론 덧붙였다.

나는 마지막으로 강원도 함태중학교가 주관식 서술형 평가를 도입하면서 수업의 변화와 함께 평가의 변화도 이뤄냈다는 화두를 던져보았다. 그랬더니 일부 교사들의 표정은 '평가까지 바꾸는 것에는 무리가 있다'라는 것이 읽힌다. 제주도의 고입 선발 비율 등을 고려해야 하기 때문에 평가의 변화는 사실상 어렵다는 것이다. 제주도 전체 시스템이 변화하지 않으면 실현 불가능하다는 것이다. 하지만 교장 선생님은 자유학기제 학생

을 비롯해 이후 학년도평가를 변화시켜야 한다는 의견에는 공감한다고
말했다.

"평가의 변화는 과제로 안고 가야 할 문제군요. 아니 꼭 해야 할 일이
되겠네요."

CHAPTER 04

교사에게
부담을 주면 안 된다

제주시 숙소에서 5분 거리에 위치한 한라중학교를 찾았다. 예상했던 것보다 가까워서 약속시간보다 조금 이른 시각에 도착했다. 학교를 둘러보면서 시간을 보냈다. 우리나라 학교를 보면서 정말 똑같다는 생각이 들었다. 학교마다 다른 개성이 있을 텐데, 왜 학교 건물은 이렇게 천편일률적일까. 창의력을 키우는 요소 중 하나의 핵심은 '공간'이다. 창의력은 공간에서 생겨난다고 해도 과언이 아니다. 우리나라의 창의력 부족은 바로 이런 작은 부분에서 비롯된 것이 아닐까 하는 생각이 스쳤다. 모두 비슷비슷하게 네모 난 학교건물에서 무슨 창의력을 기대하겠는가.

아니다 싶으면서도 학교에서 만난 선생님들을 보면 그나마 기대를 하게 된다. 한라중학교에서 만난 선생님들도 그런 기대를 저버리지 않았다. 다만 처음 인터뷰 약속을 잡을 때가 기억났다. 약간은 망설이는 부분

한라중학교의 자유학기제 활동들

이 있었다. 심지어 학교 취재를 꺼리는 느낌마저 들기도 했다. 이유는 간단했다. 자유학기제에 대한 부정적 보도가 이전에 있었던 것이다. 기획취재를 충분히 설명한 뒤에 벤치마킹할 수 있는 부분들을 찾으려 한다고 설명했다. 질문지도 미리 보냈고 그동안 보도됐던 내용도 공유했다.

자유학기제를 대하는 불편한 시선도 물론 존재한다. 하지만 나는 자유학기제가 우리나라의 교육을 바꿀 시발점이 될 것이라고 확신했다. 이희경 수석 선생님과 김진미 선생님의 생각을 들어보았다.

"자유학기제에 대한 세미나에 갔는데, 누가 그런 말을 하더군요. 자유학기제는 신혼기간이라고."

"신혼기간요?"

"신혼이란 일반적 의미처럼 처음 만나 함께 살아가는 것이죠. 그 기간 동안 학생들은 신나고, 교사들은 혼나는 기간이라는 우스갯말이기도 해요."

"그만큼 교사들의 부담이 크다는 얘기인 거죠?"

"엄청난 압박입니다. 모든 걸 바꿔야 하잖아요. 교사들에게 앞으로도 이런 부담이 계속된다면 자유학기제는 지속되기 어려울 겁니다."

"저도 같은 생각입니다. 그래서 역할분담이 중요한 것이겠죠."

이 학교도 처음에 자유학기제 연구학교를 추진하겠다고 했을 때 학부모들은 부정적으로 바라봤다고 한다. 이유는 고입에 대한 부담 때문이었다. 그런데 부정적인 시선을 바꿀 수 있었던 계기는 바로 학력평가의 결과였다. 학생들의 성적이 향상되었던 것이다. 이는 무척 중요한 대목이다. 우리 사회는 여전히 대학수학능력을 위한 공부에 초점이 맞춰져 있고, 학생 대부분도 그렇게 생각한다. 자유학기제건 뭐건 이를 방해한다면 지속될 수가 없을 것이다. 아일랜드의 경우도 전환학년제 이후 학생들이 목표가 세워지면서 성적이 향상됐다는 연구결과가 있었다. 물론 자유

기아 체험

도자기 만들기 체험

여러 다양한 수업 활동들이 재미있다.

학기제는 잠시 쉴 수 있는 기간이다. 욕심을 부리자면 이 기간을 통해 평가의 변화도 노려볼 수 있다. 좋은 교육을 받은 아이들이 좋은 점수를 받을 수 있게 말이다.

"학생들은 자유학기제를 불안해하기도 했어요."

"이유가 무엇인가요?"

"선생님이 정답을 말해주지 않기 때문이죠."

"학생 스스로 정답을 찾아 나갈 수 있도록 했나요?"

"정답이라는 게 없어요. 억지로 만들어낸다면 자신의 생각이 정답이라고 할 수도 있겠죠."

"하지만 다시 성적을 위한 공부를 해야 하잖아요."

"결국 시험의 변화가 있어야 하겠죠."

진정한 평가권이 없다는 점은 우리 교육이 지닌 고질적인 문제다. 교사는 전문가다. 전문가가 전문성을 발휘할 수 있게 해야 한다.

"어느 순간 교육 자체가 유행처럼 바뀌어 버리고 말았어요. 자유학기제도 그런 유행처럼 끝나면 안 되겠지요."

"절대로 안 됩니다!"

"새로운 시도에는 불안이 따릅니다. 믿는 것이 중요하다고 봐요. 또 교사들의 부담을 줄이기 위해서는 지역이 교육에 참여해야 합니다. 지역사회도 교육에 참여해본 경험이 없고, 학교도 익숙하지가 않아요. 정책적 차원에서 이뤄져야 하는 이유입니다."

CHAPTER 05

창의성을 키우는 교육,
교사들도 배우지 않았다

서울 지역에서 자유학기제를 연구했던 잠실중학교를 찾았다. 내가 살고 있는 춘천에서 버스로 한 시간 정도 되는 거리라 부담은 없었다. 잠실에 도착하자마자 제2롯데월드가 보였다. 잠실중학교는 걸어서 10분 정도의 거리에 위치해 있었다. 잠실중학교 앞에 삼성SDS 사옥이 보였다. 고층 건물을 올려다보니 목이 아플 정도였다. 대한민국의 수도 서울이다. 한국 인구의 절반 이상이 살고 있는 수도권에는 다양한 인프라가 있을 것만 같다. 강원도 지역의 환경과는 분명 차이가 있었다.

자유학기제 연구학교였던 잠실중학교의 김동연 선생님을 만났다. 그는 잠실중학교에서 자유인성 부장을 맡으며 자유학기제를 주도하고 있다. 다양한 인프라가 자유학기제에 도움이 될 것 같다는 내 말에 그는 의외의 말을 전했다.

"자유학기제는 소규모 학교가 한편으론 더 좋습니다."

"네?"

"우리 학교의 경우는 1학년만 420여 명 정도 됩니다. 선생님들도 많고, 이를 하나의 뜻으로 모으는 것조차 무척 힘든 일이죠."

"그런 측면도 있겠지만 학교 주변 인프라가 도움이 될 것 같은데요."

"여기 주변에 빌딩은 많지만 도서관이나 청소년기관은 하나도 없어요. 차를 타고 이동해야 합니다."

"의외군요."

"연희중학교나 신길중학교의 경우에는 주변에 바로 청소년수련관 시설이 있어서 여건이 좋은 편입니다. 점심을 먹고 나서 그런 시설을 이용해 난타를 한다든지, 체육시설을 이용하고 집에 갈 수도 있습니다. 이상적이죠."

"그래도 이 학교도 다양한 가능성이 있을 것 같은데요?"

"우리의 경우는 다양한 외부활동을 한다고 했을 때 마땅한 장소가 없어요. 학생 수도 많아서 교실조차 부족한 편이죠."

"아, 그렇군요."

"안타까운 일입니다. 자유학기제 기간 동안만이라도 춤을 좋아하는 아이들에게는 춤에 소질이 있다는 것도 느끼게 해주고 싶은데 시설이 따라주지 않아서 힘들어요. 그래서 청소년연구원 등 자유학기와 관련해 연계할 수 있는 방법을 연구 중에 있습니다."

자유학기제 시행 초기의 어려움은 '어느 곳에서도 똑같구나'를 느끼는

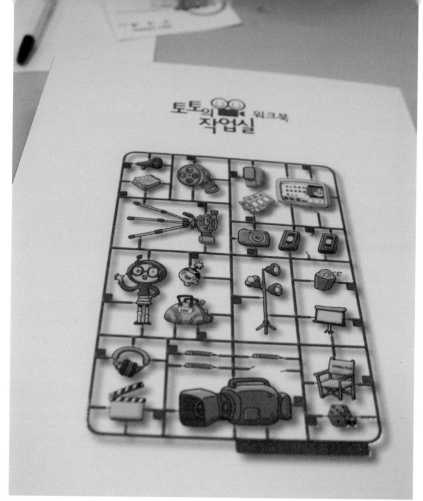

CJ CGV의 자유학기제 프로그램 토토의 작업실. 영화를 찍는 법을 가르쳐주고 학생들이 완성한 영화를 상영해 성과를 공유하는 자유학기제 프로그램의 바람직한 모델로 보인다.

순간이었다. 하지만 잠실중학교에서 아주 중요한 프로그램을 발견했다. 바로 청소년이 직접 영화를 만들어 상영까지 하는 CJ CGV의 자유학기제 프로젝트 '토토의 작업실'이다. 아일랜드에서 봤던 전환학년제의 성공 요소를 모두 담고 있었다.

"청소년 시절에 주체적으로 선택할 수 있는 부분은 딱 하나입니다."

"무엇이죠?"

"바로 문과, 이과를 결정하는 것이죠. 이것 말고는 아이들은 선택해본 경험이 없어요."

"그나마 선택 프로그램이라는 것이 있지 않나요?"

"사실 그것도 학생이 주체적이지는 않아 보여요."

"저도 선택권을 주는 것이 바로 자유학기제의 성공이라고 생각합니다."

"그런 의미에서 CJ CGV에서 실시한 토토의 작업실은 의미가 있습니다. 학교마다 공모를 했는데 우리 잠실중학교가 선택됐습니다."

"어떤 것인지 구체적으로 알고 싶네요."

"일단 장비는 CJ CGV에서 전부 지원하고 강사나 교수 자료도 제공합니다. 우리 학교에서는 영화에 관심 있는 30명의 학생들을 지원받아서 참여시켰죠."

"참여에서부터 선택권이 있었군요."

"네, 그렇습니다. 더군다나 학생들이 완성한 영화를 학기 말 CGV에서 상영할 계획입니다. 서울에서도 몇 학교 안 됩니다. 학생들이 직접 촬영을 하고 있어요."

지난해 저소득층이나 소외계층을 대상으로 진행해 왔던 토토의 작업실이 자유학기제와 만나 성과를 내고 있는 것이다. 이것은 기업들이 현재 사회에 기부하고 있는 프로그램을 조금만 바꾸면 자유학기제에서 훌륭한 프로젝트로 재탄생할 수 있다는 모범 사례이기도 하다.

문제는 정보다. 이런 정보를 전달하기 위해 한국직업능력개발원은

〈꿈이음〉이라는 잡지를 발간했다. 자유학기제를 홍보하는 역할을 맡는다. 하지만 부족해 보였다. 나는 자유학기제를 홍보하는 일도 학생이 맡아야 한다고 생각한다. 그래서 언론사에서도 학생 기자를 통해 스스로의 이야기를 주도적으로 알릴 수 있는 능력을 키워낼 수 있도록 돕는 자유학기제 관련 프로젝트를 마련해야 한다. 그런 일을 하고 싶다. 이 책의 발간으로 발생되는 이익을 자유학기제 프로젝트와 연계해 나갈 생각도 있다.

김동연 선생님은 자유학기제는 도구라고 생각한다고 했다. 현재 학교의 문제를 해결해 나갈 수 있는 도구라는 것이다. 이를 사용해 교육을 개혁해 나가고 발전시켜야 한다는 것이다. 그러니 반대하고 말고의 문제가 아니라고 했다. 문제는 교사도 배운 적이 없다는 점이다.

"외부활동도 중요하지만 자유학기제의 가장 중요한 점은 수업의 변화입니다. 수업의 개선이 가장 큰 목표입니다. 걱정되는 부분은……."

"어떤 점이 문제이죠?"

"선생님들이 그것을 제대로 알지 못한다는 점입니다. 대학에서 배워본 적도 없어요. 미래 역량 강화를 위해 창의성, 통합적 사고력을 키워주는 교육을 하라는데, 솔직히 이런 교육에 대해 교사인 저희들도 잘 알지 못합니다."

맞는 말이다. 그래서 교사 연수가 중요하다. 하지만 그도 자유학기제를 통해 긍정적인 변화는 경험했다고 한다. 설문조사에서도 '참 좋았다'는 답변이 많았다는 것이다.

"학생들이 어리다는 우려의 시각이 있습니다. 다만 학교에서 접해보고 이런 것이 있다는 사실을 알고 공부할 때 학습 동기가 생겨납니다. 자기 꿈을 찾으면 공부할 동기가 만들어지는 것이죠. 동기를 유발해서 그 힘으로 앞으로 살아가는 데 도움을 받았으면 합니다."

"자유학기제를 준비하는 교사나 학교, 지역사회에 경험을 전해주신다면?"

"처음부터 너무 욕심을 부리면 안 된다고 생각해요. 우리가 원하는 방향으로 조금씩만이라도 가면 좋을 것 같습니다."

"내실화를 위한 첫걸음, 그 이후의 변화를 느끼면서 인내력을 갖고 가는 것이 중요하다는 말씀이죠?"

"어렵네요. 욕심을 내면 자칫 수업의 질이 떨어질 수도 있습니다. 교육이라는 것이 한 번에 확 변화할 순 없어요. 기존 혁신학교와 자유학기제의 긍정적 경험들이 합쳐져서 학교 실정에 맞춰 진행해 나가는 것이 여러모로 좋은 방향인 듯합니다."

학교와 지역사회의
공생, 자유학기제

5

CHAPTER 01

자유학기제 성공
주체성에 달렸다

    자유학기제를 취재하면서 아일랜드에서는 제리제퍼스 교수를 제일 만나고 싶었다면, 한국에서는 바로 최상덕 한국교육개발원 자유학기제지원센터 소장이 가장 만나고 싶었다. 자유학기제에 대한 기획취재를 계획할 수 있도록 도움을 준 분이다. 처음과 끝이 최상덕 소장님이었다. 그와의 대화를 통해 자유학기제의 방향과 교육부의 역할 등을 알 수 있었다. 아일랜드의 전환학년제와 자유학기제의 차이점에 대해 최 소장은 사실 많이 다르다고 설명했다. 하지만 전환학년제처럼 자유학기제의 성공 포인트도 바로 학생들의 주체성에 달려 있다는 것이다.

    "자유학기제에 대한 기획취재를 진행하면서 자유학기제가 강원도에 오히려 더 좋은 기회가 되고 있다는 점을 느꼈습니다."

    "그 포인트가 굉장히 중요하다고 봅니다. 자유학기제가 농·산·어촌의 학교에서는 체험할 곳도 없고, 지역 간 갭이 더 커질 수도 있다는 시각이 있었는데, 오히려 작은 학교가 더 잘할 수 있다고 생각해요."

"저도 동감입니다."

"중소도시의 약점이라면 직업체험 부분이 될 수 있는데요. 직업체험의 경우에도 미래에 뭘 할지 직업을 정한다고 생각하면 안 됩니다. 현재 초등학교 1학년에 들어가는 아이들이 사회에 진출하는 시점에서 보면 남아 있는 직업이 35% 정도 밖에 안 된다는 연구 결과도 있었죠."

"중요한 지적이네요."

"네, 미래에 어떤 직업이 있는지도 모르는 상황에서 그 직업을 미리 체험한다는 것은 말이 안 되죠. 그런 식으로 가서도 안 됩니다. 오히려 더 중요한 것은 자기가 무엇을 잘할 수 있는지, 자기가 어떤 분야에 관심이 있는지, 사회에는 어떤 직업들이 있는지, 이런 정도만 알아도 충분해요. 중학교 1~2학년생들에게 훌륭한 체험이 되는 겁니다."

"그런 정도는 어느 지역사회든지 제공할 수 있는 부분 아닌가요?"

"네, 만약 부족한 부분이 있다면 채워나가면 됩니다. 그리고 더 중요한 시사점은 자유학기제는 작은 학교에 더 유리하고 더 큰 효과를 낼 수 있다는 점이죠."

"그런 면이 있다는 생각을 저도 했습니다."

"사실 공룡도 크기 때문에 멸망했거든요. 규모가 큰 학교는 조금의 변화도 주기가 어려운 환경입니다."

"지역의 작은 학교들이 변화에 잘 대응할 수 있다는 말이군요?"

"학교가 지역사회와 조금만 협력하면 상당히 의미 있는 변화를 줄 수가 있어요. 표준화된 형태의 학교 체제에서는 옛날과 마찬가지로 변화가 어렵습니다."

"과거 대량 생산체제에서는 규모가 크면 여러 가지 장점이 있었습니다. 규모가 크다 보니 표준화가 될 수밖에 없었죠. 학교도 마찬가지였어요. 하지만 다양하고 특색 있는 교육을, 개개인별 초점 맞춤 교육을 실시하려면 적정한 규모의 학교가 필요합니다."

"적정 규모?"

"미국이나 유럽에서는 '휴먼 스케일(Human Scale)'이라고 합니다. 그래서 2,000여 명의 큰 규모 학교를 500여 명 단위로 4~5곳 학교로 나눠요. 오히려 200~500명 규모의 학교들이 강점을 가질 수 있다는 것이죠."

"하지만 서울의 큰 학교들이 지방의 소규모 학교보다 여러 면에서 나은 것은 사실이잖아요?"

"물론 그렇지만 서울은 익명사회이고, 대부분의 모든 것이 금전관계로 이뤄집니다. 하지만 지역만 해도 그런 것들이 살아 있습니다. 바람직한 공동체, 바람직한 형태의 학습 생태계를 지역에서는 살려낼 수가 있다는 것이죠."

"바람직한 공동체?"

"네, 강원도가 그런 면에 중점을 두고 강원도만의 특색을 살리는 교육을 해볼 수 있느냐가 더욱 중요하죠. 자유학기제가 이러한 형태로 가는 게 우리나라 교육에 훨씬 기여할 바가 크다고 봅니다."

기획취재에서도 고민했던 일이지만 지역의 참여를 이끌어내는 일은 쉽지가 않다. 명확한 해답이 나와 있는 것도 아니다.

"경남 사천에 가면 항공기 만드는 회사가 있습니다. 항공 부분을 정부에서 하다 많은 부분을 민간으로 넘겼는데요. 항공기를 조립하는 일종의 교육관 형태로 시설을 잘 만들어 놨습니다. 기업으로서는 상당히 많은 투자를 한 것이죠. 저는 그런 걸 운영했으면 좋겠습니다."

"구체적으로 어떻게 해야 한다는 것인지……."

"기업이 제품을 생산할 때 제품 만드는 과정을 소개해주고, 일부 공정을 공개해서 학생들을 참여시킨다면 기업은 장기적으로 좋을 수 있습니다."

"구체적으로 어떤 것들이 있을까요?"

"사천이라는 지방에 있다 보니까 우수한 인재를 뽑아도 오래 못 버틴다고 해요. 항공기를 좋아하는 사람들이 그 업무를 맡는다면 즐겁게 일할 수 있다는 것이죠. 이미 외국에 유명한 항공사 같은 경우에는 학교에서 동아리를 만들어 지원하고 있습니다."

"어릴 적부터 그 분야를 좋아하는 아이들이 커서 그 일을 하게 되면 이직률은 낮아지고 사회적 낭비도 줄어들게 된다는 그 뜻이군요."

"네, 중·고등학교 때부터 항공기 만드는 걸 진짜 좋아하는 아이들이 꿈을 키우고, 원하던 회사에 취직했을 때 어디서도 구할 수 없는 귀한 인재를 뽑을 수 있다는 것입니다. 옛날처럼 창의적 인재를 필요하지 않는 산업단계에 있어서는 그렇지 않아도 되지만, 이제는 세계와 경쟁하려면 어릴 적부터 꿈과 열정을 찾게 해야 합니다.

"자유학기제에서 자연스럽게 그런 경험을 하게 하면 되겠네요."

"네, 기업들이 일류기업을 지향한다면 20~30년 앞을 내다보고 투자할 수 있는 안목을 가졌으면 좋겠습니다."

이미 40여 년의 경험을 바탕으로 아일랜드 사회는 자발적으로 전환학년제 프로그램을 만들고 있다. 긍정적 경험을 한 학생들이 성장하여 사회의 일원이 됐을 때 자연스럽게 후배 전환학년제 학생들을 위한 프로그램을 자발적으로 만들어낸다. 우리는 이제 시작단계이고 단순히 기업의 책임만 강조한다면 준비가 안 된 기업들에게는 부담이 될 수도 있을 것이다.

"그래서 기업의 자각이 필요합니다. 독일에서 인상적인 것이 있는데요. 바로 듀얼 시스템입니다."

"듀얼 시스템?"

"네, 인문계 학교가 아닌 경우로 1주일에 3일 정도는 기업에서 일하고, 2일은 학교에서 공부를 합니다. 학교와 기업이 협력해서 아이들을 가르치는 것이죠."

"기업에서는 구체적인 기능들을 배우고 학교에서는 일반적인 지식을 배울 수 있는 구조네요."

"그렇죠. 이 과정을 수료한 친구들이 바로 그 회사에 가서 일을 하게 됩니다. 독일의 훌륭한 기능인력 양성모델이죠. 이들은 호텔 매너저인데도 자부심이 강합니다. 그런 과정을 겪은 매너저들이 그 후배들, 혹은 직접 후배들은 아니더라도 그 과정을 거친 사람들에게 굉장한 기대와 희망을 주게 됩니다."

수동적으로 참여하는 학생이 아닌 주체적으로 참여할 수 있는 프로그램을 만들어야 한다는 필자의 의견에 대해서 최상덕 소장은 자유학기제야 말로 그런 기회를 주는 학기여야 한다고 공감한다고 말했다.

"선택을 해본 아이들이 자기 자신에 대한 책임감도 갖게 되는 겁니다. 자유도 훈련을 통해서 형성되는 것이죠. 그래서 가능하면 선택프로그램으로 하되 자기가 원하는 주제로 했으면 좋겠다는 것이죠."

"그런데 그 선택프로그램조차 교사나 학교가 마련한 프로그램이기 때문에 여전히 아이들은 배움에 있어 수동적이라고 생각해요."

"네, 이를 극복하기 위한 방법으로 저는 프로젝트 학습형태가 가장 좋다고 생각합니다. 일주일에 두 시간씩 한 학기만 하면 좋은 프로그램을 할 수 있습니다. 자기 나름대로 개요를 세워서 한 학기 동안 어떤 결과를 만들어낼 수 있을 것인가를 고민하게 하는 것이죠."

"구체적인 프로그램이 있다면요?"

"앞으로 패션디자이너가 되고 싶다면 직접 디자인을 해본다든지, 요리사가 되고 싶다면 어떤 요리를 개발하겠다든지 하는 프로젝트 형태의 수업으로 주체성을 키워주는 것입니다."

"자유학기제의 지속성에 대한 우려도 많던데요."

"교육감 선거와는 별개로 자유학기제 제도에 대해 퇴보한 곳은 제가 알기로 한 곳도 없습니다. 이것은 앞으로도 지속될 가능성이 있다는 것을 어떠한 말보다 잘 보여주는 것이라고 생각합니다."

"그렇군요. 박근혜 정부의 핵심교육 정책이지만 진보교육감인 강원도에서 적극적으로 도입하고 있는 모습도 볼 수 있었어요."

"물론 부르는 명칭은 바뀔 수 있지요. 하지만 자유학기제가 지향하는 바에 대해서 앞으로 우리 사회가 나아가야 할 방향이라고 하는 것에는 모든 사람이 공감하고 있습니다."

그는 자유학기제가 학생들에게도 바람직한 것이지만 교사들에게 있어서도 중요한 의미가 있는 제도라고 평가했다. 우리나라 교사들은 학력수준이 세계적으로 높은 수준이다. 뛰어난 사람들이 교사가 되고 있다. 하지만 학교현장에서 할 수 있는 자율의 폭은 너무나 제한돼 있다. 사람은 전문성이 생길수록 발휘할 수 있는 기회를 주지 않으면 만족도가 떨어진다. 그는 이 점을 문제로 지적했다.

"사회적으로 교사가 굉장히 부러운 직업이지만 우리나라 교사의 자기 효능감을 측정했을 때는 OECD 국가 중 최하위권입니다."

"왜 그런가요?"

"교사로서 잘 해볼 수 있다는 자신감이 있는데, 너무나 짜인 커리큘럼에 획일화된 시험 위주로 가르치다 보니까 많은 전문성을 가져도 발휘할 기회가 없는 것이죠."

"진정한 평가권이 없어서 그렇군요."

"하지만 자유학기제에서는 자율성이 주어지면서 새로운 제도에 대한 부담은 있지만 그동안 하고 싶었던 것들을 할 수가 있게 되는 것이죠."

"함태중학교도 평가를 서술형으로 바꾸면서 자유학기제의 연속성에 대해 고민을 하고 있더라고요."

"네, 학생들의 변화를 보면서 선생님들은 가장 큰 보람을 느낍니다. 학생들의 변화는 그 어떤 물질적인 인센티브보다 강한 동기를 부여합니다. 교사로서 자기의 정체감을 발견할 수 있는 부분이거든요. 타율적인 정책보다 효과가 훨씬 크다고 봅니다."

"중요한 부분이네요."

"그렇기 때문에 설사 이 정책이 후퇴하더라도 선생님들은 갈 것이라고 믿습니다. 지금은 많은 부분이 선생님들의 마음을 얻지 못했기 때문에 무늬만 하는 것이라고 생각해요."

스스로 이뤄내는 과정에서 느끼는 즐거움은 이루 말할 수가 없다. 그런 재미만 느끼게 해준다면 자발성은 저절로 만들어질 것이다.

"학생들이 배우는 즐거움을 경험했으면 좋겠습니다. 부모나 선생님들이 공부 좀 하라고 말할 필요가 없죠."

"우리나라 학생들은 상당히 많은 시간을 공부에 투자하고 있는데, 이것도 문제라고 생각해요."

"자발적으로 하는 공부는 좋아서 해요. 집에 가서 하지 말라고 해도 합니다. 이것은 스트레스가 아니에요. 아이들을 책에 빠져들게 합니다. 그런 경험을 갖게 하는 것이 몇 시간 더 공부하는 것보다 훨씬 효과가 있는 것이지요."

그의 말을 듣고, 이런 경험을 빨리 선물하기 위해서 차라리 중학교 1학년에 자유학기제가 추진되는 것이 '장점이 될 수 있겠구나'를 느꼈다. 그래야 재미가 이후로 연계될 수 있으니까 말이다.

"한 학기의 경험만으로 끝나서는 안 됩니다. 다시 예전으로 돌아가면 그건 아니죠. 고작 6개월 자유학기를 경험하고 이후에 다시 시험 준비 때문에 걱정해야 한다? 이건 아닙니다. 좋은 경험을 했으면 다음 학기로 이어질 수 있도록 고민을 해야 합니다."

"아일랜드의 경우에는 꼭 전환학년제뿐만 아니라, 그 후의 청소년들도 참여할 수 있는 프로그램을 만들었더군요. 우리나라에서는 어떤 방법이 있을까요?"

그는 아주 중요한 부분을 지적했다. 이는 교육부가 반드시 고민하고 추진해 나가야 할 부분이기도 했다. 2016년의 아이들은 자유학기제가 전면 확대되는 1세대가 된다. 이들 대상이 중학교 1학년이라고 한다면 고등학교 입학 시점은 2019년이다. 교육 당국을 비롯한 우리 모두는 지금부터 2019년 고입제도를 어떻게 변화시켜야 할지를 고민해야 한다. 자유학기제의 긍정적 경험들이 이어질 수 있도록 고입제도를 바꿔야 할 것이다. 더 나아가 2022년에는 대학에 진학하게 된다. 그렇다면 2022년에 대학입시 제도에 자유학기제의 연계를 어떻게 해야 할지를 지금부터 준비해야 한다.

나는 수능의 변화를 예상하고 있다. 독일, 프랑스 등 유럽에서와 같은 대학 수학 능력 자격시험으로 전환해야 한다고 생각한다. 현재의 상대평가는 점수에만 연연하게 만든다. 같은 교실의 친구와의 경쟁에서 승리해야만 원하는 대학에 진학할 수 있다. 물론 대학에 대한 사회적 인식의 변화와 맞물려 가야 할 문제다. 이런 변화의 조짐은 몇몇 곳에서 발견되고 있다. 수능의 한국사나 영어의 절대평가 도입 논의도 바로 그런 면과 연계되는 부분이다. 또 선행학습 금지나 고교 졸업자의 취업 강화 정책도 이 변화의 연장선에 있다고 본다. 결국 수능은 대학에서 공부할 능력이 있는가만 평가할 수 있으면 그만이다. 등위를 가리는 시험이 아닌 대학에서 수학할 수 있는 능력을 키우는 교육이 돼야 할 것이다.

"교육이 사회와 유리돼선 안 됩니다. 학교에서 하는 교육과 사회에서 필요로 하는 교육의 차이를 줄여나가야 해요."

"교육이 대학진학을 주 목적으로 해선 안 되듯이, 혹은 맹목적인 인생의 목표가 돼서는 안 되겠죠?"

"당장 답은 못 주더라도 그런 방향으로 노력해 나간다면 좋은 해결책이 나올 수 있습니다. 그러면 학부모들은 확신을 갖게 됩니다."

"그렇군요."

"부모들은 좋은 교육, 즉 자유학기제에서의 교육이 좋다는 사실을 잘 압니다. 하지만 현실적으로 좋은 대학을 가기 위한 교육은 따로 존재한다고 생각해요. 두 마음이 공존하는 것이죠."

"그런 것 같아요."

"정책적으로 좋은 교육을 받은 아이들이 좋은 학교에 갈 수 있도록 만들어준다면 부모가 갈등하지 않아도 됩니다. 하지만 이것을 분리시켜 놓으면 학부모들은 계속 왔다 갔다 하면서 불안해할 수밖에 없는 것이죠."

CHAPTER 02

자유학기제 네트워크
구축을 위해 필자가 제안하는
행복씨앗공장;Plant Happy Seed

주체적으로 시작한 일에 매듭을 짓고 싶었다. 그래서 생각해 낸 프로젝트가 바로 〈행복씨앗공장〉이다. 행복씨앗은 바로 우리 학생들을 지칭한다. 미래의 희망인 행복씨앗을 키우는 행복한 공장을 만들자는 의도다.

교사나 학교 중심의 자유학기제 프로그램을 학생 주도형으로 바꿔보자는 것이 이 프로젝트의 출발점이 됐다. 대상은 중학교 1~3학년과 고등학교 1학년까지다. 학교와 지역사회의 네트워크를 구축해 학생들이 주도하는 개방형 프로젝트 진행을 돕는 개념이다.

PHS는 일종의 지역사회 네트워크인 셈이다. 학생들이 주도하는 개방형 프로젝트의 모델은 앞서 언급했던 강원대 인액터스 동아리를 예로 들고 싶다. 시각장애인의 직업 선택권을 보장하기 위해 추진했던 강원대 학생들. 이들은 시각 장애인이 선택할 수 있는 직업은 '안마사'에 한정됐다는 문제의식 속에서 시각 장애인이 후각에 예민하다는 사실을 깨닫고 향기 치료사라는 직업을 선택하고 이를 돕기로 결정했다. 사회를 변화시켜나가는 능동적인 모습이다. 중학생도 사회 변화의 일원이 될 수 있음을 깨닫게 하고 실질적인 성취물로 나타날 수 있도록 PHS가 돕는다는 것이다.

여러 가지로 연계가 돼 있다. 강원도의 현안은 2018 평창 겨울올림픽이다. 자유학기제 속에 청소년들이 평창 겨울올림픽에 능동적으로 참여할 수 있는 아이디어를 낸다면 이를 구체화할 수 있도록 한다는 것이다. 주제는 무궁무진하다. 무한대다.

학생들의 아이디어는 인터넷으로 연결된 'PHS 허브' 공간에서 공유될 것이다. 다양한 프로젝트는 누구나 참여할 수 있고, 또 누구나 펀딩에 지원할 수 있게 할 것이다. 물론 메인 스폰서가 필요하다. 한편으로는 허황된 생각으로 그칠 수도 있다는 걱정이 생긴다. 하지만 나는 자유학기제가 보여준 긍정적 경험이 우리가 안고 있는 여러 가지 교육의 문제점을 충분히 해결할 수 있다고 확신한다. 이런 생각에 한 사람이라도 동의하고 공감한다면 나는 PHS를 함께 추진하자고 설득하고 다닐 것이다.

혹여나 중학생 아이들이 무슨 사회 변화를 유도하겠냐는 우려도 있을 수 있다. 하지만 이는 기우에 불과하다. 그 이유를 설명하기 위해서 이 책을 펴낸 것이다. 국립 아일랜드대 제리제퍼스 명예교수의 '창의력에 있어 가장 큰 제한은 바로 교사들의 상상력'이라는 말처럼 우리 청소년들은 무궁무진한 잠재력을 지니고 있다. 청소년을 어른의 상상력 안에 가두지 말아야 한다.

2015년 강원도의 모든 중학교는 자유학기제를 전면 실시한다. 강원도에서 PHS 프로젝트를 추진할 기회가 생겼다. 이를 확대해 2016년에는 우리나라 전체를 연계하고, 나아가서 중국, 일본 등 이웃국가와 네트워크를 넓혀 나가는 것이다. 또 2018학년도에는 전 세계로 더욱 확대해 나가는 로드맵을 구상했다. 자유학기제가 우리 교육뿐만 아니라 이웃 국가로 퍼져 나가는 주도권을 잡은 것이다. 교육에 있어서도 '한류'를 전파할 수 있는 몇 안 되는 유일한 기회를 잡았다.

우리는 자유학기제라는 도구를 통해 한 단계 성장해 나갈 것이다. 그리고 향후 멀지 않은 미래에 자유학기제를 벤치마킹하겠다는 이웃 나라들의 취재를 받게 될 것이다. 나는 그런 날이 올 때까지 상상하고 구체적으로 행동할 것이다.

톰 행크스가 주연한 옛날 영화 「빅(BIG)」이 떠오른다. 어린 시절 본 영화지만 아직도 기억에 남는다. 주인공인 어린아이가 빨리 어른이 되고 싶다는 소원을 빌자 그것이 현실이 돼서 겪는 이야기를 그린 영화다. 그 영화를 보기 이전에도 나는 왜 이렇게 상상력이 풍부하지 못할까?라는 고민을 했었다.

어른이라는 이유로 어린이의 말을 무시해서도 안 된다. 나이는 숫자에 불과하다. 또한 어른이라고 가르칠 생각만 해서는 안 된다. 교사도 학생에게 배워야 한다. 그들의 생각에 공감해야 한다. PHS는 고정관념을 바꾸고 학생들이 주체적으로 참여할 수 있도록 유도하고, 그것을 실현 가능하게 돕는 프로젝트가 돼야 할 것이다.

CHAPTER 03

학교와 언론사에 제안하는 자유학기제

프로젝트 가칭 '소통'

자유학기제 제도를 전면적으로 실시하려는 시점에서 가장 필요한 것은 무엇일까?

필자는 홍보라고 생각한다. 학생은 물론 교사, 학부모들에게 자유학기제에 대해 물어보면 잘 모른다고 답변한다. 그만큼 관심이 없다. 그렇다고 홍보 광고를 위해 엄청난 돈을 투입할 수도 없다. 나는 이를 자유학기제 프로젝트에서 해결할 수 있다고 생각한다.

프로젝트 이름은 가칭 '소통'이다. 자유학기제에서는 다양한 뉴스가 생성된다. 이를 가장 잘 알고 있는 학생이 직접 소식을 전달하게 한다면 어떨까? 이것이 '소통' 프로젝트의 시작이다. 자유학기제 학생이 기자가 된다는 콘셉트다. 이를 언론사가 지원하는 것이다. 자유학기제 기자가 되기를 원하는 학생들이 자발적으로 참여하게 하려면 학교 자체적으로도 신청을 받는 것이 좋다. 원하는 학생이 없다면 흥미를 끌어낼 수 있는 방법을 생각하면 된다. 예를 들어 일일 기자체험을 통해 관심을 유발하는 방법이다.

자유학기제에서 진행되는 프로젝트들은 일회성에 그치면 곤란하다. 소통도 10주차 과정의 커리큘럼(표1-1)에 맞춰 교육을 진행하면 좋겠다. 물론 유동적으로 조정할 수 있다. 자유학기제에서는 학생들이 주체적으로 무엇인가를 만들어내는 것이 중요하다. 이 성과물을 공개적으로 알려서 지역사회의 참여를 유도하는 방향이 돼야 한다. 프로젝트 소통은 기사로 된 〈학교 소식〉이라는 결과물이 나온다. 종이 신문이 됐든, 온라인이 됐든지 성취물이 완성된다. 기사는 내가 읽기 위한 '일기'가 아니다. 누군가 읽어줘야 의미가 있고, 가치가 생겨난다. 이를 위해 언론사의 도움이 필요하다. 언론사는 홈페이지에 〈자유학기제 소식〉이라는 작은 배너를 만들어 주면 된다. 자연스럽게 언론사에 아이들의 공간이 생겨날 수 있다. 물론 이외에도 방법은 많다. 언론사에도 이득이 있어야 한다. 그래야 지속성을 지닐 수 있다. 일차적으로는 미래의 독자층을 확보할 수 있다. 언론사는 각종 공모 사업을 통해 자금을 확보할 수도 있다. 이는 언론사의 몫이다.

자유학기제의 프로젝트를 구상할 때 가장 중요한 점은 바로 학생들을 고려해야 한다는 점이다. 주체적으로 할 수 있느냐, 또 성취물을 공유해 지역사회의 참여를 유도할 수 있느냐도 고려해야 한다. 이점이 추진동력이기 때문이다. 아일랜드도 전환학년제 기간 동안 이뤄낸 성취를 지역사회와 나누면서 지역사회의 참여를 자연스럽게 유도했다. 자랑할 만한 위대한 성취를 이뤄내고 이를 널리 알릴 필요가 있다.

선택과 집중이 중요하다. 다양한 경험을 선물하는 것도 물론 중요하지만, 가장 내세울 만한 경쟁력을 갖춘 한방이 필요하다. 소통 프로젝트에서도 그런 것이 필요하다. 그렇다고 학생들에게 일간지 수준의 신문을 만들자고 하면 곤란하다. 학생 나름의 기발한 아이디어가 필요하다. 오히려 학생들이 더 잘 알고 있는 SNS를 통해 자신들의 이야기를 확산시켜 나가는 방법을 스스로 만든다면 그것이 바로 진정한 자유학기제에 필요한 프로젝트가 될 것이다.

소통은 언론사나 학교 모두가 할 수 있다. 커리큘럼만 있으면 그에 맞춰 필요한 강사를 섭외하면 된다. 교사 중에 언론을 전공한 사람이 진행할 수도 있다. 커리큘럼(표1-1) 중에서 게이트 키핑이나 신문 속 다양한 이야기 등 교육은 교사가 해도 무방하다. 마지막에 언론사를 한번 방문하는 정도만 되면 아이들에게는 훌륭한 경험이 될 것이다. 결국 누가 하느냐가 중요한 것이 아니라 아이들이 직접 기사를 만들어 유통해 공유하고, 다시 기사로 이어지는 실질적인 기자 체험이 되면 된다. 이는 진정한 진로 탐색과 연결될 수 있다.

〈표1-1〉 프로젝트 소통의 커리큘럼(안)

구분	기자 체험	비고
1	신문과 놀기, 신문은 정보의 바다	
2	어떤 이야기가 기사가 될까? 게이트 키핑	
3	신문 속 다양한 이야기 찾기	
4	신문속의 내 꿈 찾기	
5	신문에서 만나 사람과 인터뷰를 해보자	
6	기사를 써보자	
7	편집장이 되자	
8	뉴스를 만들어 보자	
9	뉴스가 담긴 신문을 널리 알려보자	
10	신문을 읽은 사람들과 소통을 하자